Leslie Leyland Fields

So war das nicht geplant!

Überraschend schwanger – Frauen erzählen

BRUNNEN
VERLAG GIESSEN · BASEL

Die amerikanische Originalausgabe erschien unter dem Titel
„Surprise Child – Finding Hope in Unexpected Pregnancy“
bei WaterBrook Press, 12265 Oracle Boulevard, Suite 200,
Colorado Springs, Colorado 80921, a division of Random House, Inc.

Deutsch von Dr. Friedemann Lux

www.brunnen-verlag.de
Umschlagfoto: Corbis, Düsseldorf
Umschlaggestaltung: Ralf Simon
Satz: DTP Brunnen
Druck: Ebner und Spiegel, Ulm
ISBN 978-3-7655-3988-6

Inhalt

Für Duncan, meinen Mann,
der die Mühen und Wehen
und das unaussprechliche Wunder des Gebärens
sechsmal mit mir teilte.

Und für den Schöpfer,
der jedes Kind nach seinem Bild
und seiner Schönheit
schafft.

Einleitung: Wie soll ich das alles schaffen?

Ich öffnete die Tür zum Badezimmer, in meiner Hand ein in Zellophan eingeschweißtes weißes Stäbchen. Als ich drei Minuten später wieder aus dem Bad kam, war alle Farbe aus meinem Gesicht gewichen. In einem winzigen Fenster, nicht größer als ein Fingernagel, erschien langsam eine Linie – erst schwach, dann immer deutlicher. Es war das „Gesicht" eines neuen Menschen, ein Gesicht, das ich nicht „bestellt" hatte. Mein Leben war vorbei ...

Das war vor vier Jahren. Dann, vor nicht ganz zwei Jahren, dasselbe noch einmal. Trotz unserer peniblen Empfängnisverhütung, unseres Alters, unserem Stress, unseres vollen Hauses – trotz alledem erschien sie wieder, die Linie in dem Sichtfenster, und mit ihr ein Strudel von Gefühlen: Wut, Verdrängung, Ungläubigkeit, Schmerz – lauter wohlvertraute Gäste aus der ersten ungewollten Schwangerschaft, nur diesmal mit einer Wucht, dass es mich fast zermalmte.

Gott selber hatte mir meine zweitgrößte Angst ins Haus geliefert. Meine allergrößte Angst war, dass ich meinen Mann verlieren würde oder eines unserer vier Kinder. Meine zweitgrößte war, so verrückt das klingen mag, dass Gott mir noch ein Kind schenken würde: Dass ich, nachdem ich ein quirliges Mädchen und drei hochaktive, eigensinnige Jungen von der Wiege bis zur Schule aufopferungsvoll versorgt, geliebt und erzogen hatte und ihnen immer noch mit aller Kraft und Fantasie Mutter war, noch einmal von vorne anfangen müsste, just in dem Augenblick, wo ich das Ende des Tunnels vor mir sah. Bitte das Gleiche noch einmal ... Und dann noch einmal. Und nicht nur die

Schwangerschaften. Die natürlich auch, mit der unerbittlichen Gewichtszunahme, der Übelkeit, den Schwangerschaftsstreifen, den schlaflosen Nächten, den Krampfadern. Aber dann weiter: das Stillen mitten in der Nacht, die leckenden Brüste, die Wochen des Zahnens, die Erschöpfung, die Sauberkeitserziehung. Viermal hatte ich es schon hinter mich gebracht.

Und so heulte ich, protestierte, betete ich, hin- und hergerissen zwischen Zorn und Benommenheit, Rebellion und Kapitulation. Muss ich jetzt meinen Beruf an den Nagel hängen? Wie soll ich das alles schaffen? Wie überlebe ich diese endlosen Nächte? Wie sollen wir in unserem Haus Platz für noch ein Kind schaffen? Wie sollen wir allen ein Studium finanzieren? Was sage ich den schockierten Gesichtern im Supermarkt? Und was soll an all dem schön sein?

Mitten in diesem Erdbeben gab es zwei Dinge, die ich felsenfest wusste. Erstens: Alles Leben kommt von Gott. Und zweitens: Irgendwie musste ich es schaffen, meine Hände für dieses Kind zu öffnen, das er gemacht hatte. Ich hatte keine andere Wahl, als diesen Weg zu gehen. Das winzige Wesen, das im Endspurt der Geburt kommen würde, hinein in die Hände des Arztes und dann in die meinen – wie würde ich es dann begrüßen, das unbekannte Gesicht, das da in mir gewachsen war und meine Stimme, meinen Geruch, meinen Leib längst kannte? Würde ich den kleinen Körper voll Freude anschauen oder ablehnend, apathisch, bitter?

Ich musste die Freude wählen. Aber wie sollte ich das anstellen? Wer würde mir helfen auf dem langen Weg zwischen meiner Trauer und meinem Schluchzen jetzt und dieser notwendigen Freude später?

In beiden Schwangerschaften fühlte ich mich schrecklich

allein. Irgendwie gehörte ich nirgends hin. Ich gehörte nicht zu den anderen Schwangeren, die vor Vorfreude förmlich strahlten. Ich gehörte nicht zu den Kolleginnen am College, wo ich Dozentin war, die die Welt nicht mehr verstanden ob meines plötzlichen Karriereknicks. Auch nicht zu den Frauen in unserer Gemeinde, die (was in Amerika erlaubt ist) mit Begeisterung ihre Kinder selber unterrichteten und sich über jede neue Schwangerschaft freuten, egal wie viele Kinder sie schon hatten. Als ich endlich mit gefasster Miene nach dem Gottesdienst die Neuigkeit verkündete, klopfte mir unser Pastor mit einem freudigen Ausruf auf die Schulter. Ich weiß noch, wie ich ihn entgeistert anschaute. Begriff der Mann nicht, dass das Kommen dieses neuen Lebens für mich eine Art Sterben war? Wusste er nicht, wie viel ich schon gegeben und dass ich nichts mehr übrig hatte?

In meiner Not fing ich an, mich nach Büchern über ungewollte Schwangerschaften umzuschauen. Die Regale in den Buchläden waren voll von Hand- und Tagebüchern von der „Hurra, ich krieg ein Kind!"-Sorte, und was nicht in diese Kategorie fiel, waren penible Berichte irgendwelcher hoch gebildeter Karrierefrauen, die die Mühen des Mutterseins für ein oder zwei Kinder zelebrierten. Beides nichts für mich. Ich fand auch ein Buch etwa mit dem Titel „Bittere Früchte. Frauen berichten über ungewollte Schwangerschaft, Abtreibung und Adoption", das die Geschichten von Frauen erzählte, die ihr Kind aus Angst oder weil sie nicht bereit waren, ihren Lebensstil zu ändern, abgetrieben hatten. Die, die das Kind behalten hatten, waren verbittert und betrachteten ihr Kind als Rivalen und Fremdkörper in ihrem Leben. Ich wusste: Das hier war erst recht nichts für mich. War ich wirklich so allein?

Dann entdeckte ich ein Buch, das der Anfang zu einer Antwort für mich war, einen Report des amerikanischen „National Institute of Health“ über ungewollte Schwangerschaften in den USA. Nach diesem Report sind 60 Prozent aller Schwangerschaften in den USA nicht geplant; das sind drei Millionen Schwangerschaften pro Jahr. Drei Millionen Frauen im Jahr stellen fest, dass sie schwanger sind, obwohl sie das gar nicht wollten – alleinstehende Frauen, Frauen mittleren Alters, Frauen, die schon einen Stall voller Kinder haben, arbeitslose Frauen, Frauen auf dem Höhepunkt ihrer Karriere (oder an ihrem Anfang). Und so weiter und so fort. Drei Millionen Frauen, deren Leben von heute auf morgen nicht mehr dasselbe ist. Und die Hälfte dieser Frauen entscheidet sich für einen Schwangerschaftsabbruch.[1]

Wer waren diese Frauen? Ich fing an, sie zu suchen, an dem sichersten Ort, den ich kannte – im Internet. Und da waren sie auch schon: Webseiten und Chatrooms voller Ratlosigkeit und Verzweiflung. Was ich dort las, schockierte mich und machte mich traurig. Meine eigene Verzweiflung wuchs, vervielfältigte sich, kehrte wieder in hundert Lebensgeschichten. Ich hörte die Stimmen von Frauen in allen möglichen und unmöglichen Situationen. Alle waren sie ungewollt schwanger, und alle fühlten sie sich einsam und verlassen und suchten verzweifelt Hilfe und Antworten.

Da war Jennifer. Sie schrieb:

„Ich bin 26 und habe eine fünfjährige Tochter. … Sie kommt jetzt in die Schule, und ich wollte mein Studium wieder aufnehmen … Ihr Vater und ich sind seit zehn Jahren zusammen … Ich habe mich so gefreut, dass ich endlich wieder studieren und meine Träume erfüllen kann … Gestern habe ich entdeckt, dass ich schwanger bin … Ich habe Angst, es meinem Partner zu sagen, denn der wird sich freuen; er möchte noch mehr Kinder. Aber noch ein Baby ist das Letzte, was ich gerade will. Mein erster Gedanke war ‚Abtreibung', aber ich komme mir wie eine Egoistin vor, dass ich so was auch nur denken kann. Platz für noch ein Baby hätten wir schon, aber diese Verantwortung, das will ich nicht … Ich weiß nicht, was ich machen soll. Kann jemand mir helfen?"[2]

Suzanne schrieb:

„Ich bin 15 Jahre alt … und es sieht ganz so aus, als ob ich schwanger bin … Ich hab mit meinem Freund darüber gesprochen, und er will, dass ich das Kind wegmachen lass'. Er sagt, er liebt mich, aber ein Kind, das ist nichts für uns … Wenn ich meiner Mutter sage, dass ich schwanger bin, wird sie furchtbar enttäuscht über mich sein und mir auch zu einer Abtreibung raten … Aber ich will keine Abtreibung! Und ich will das Kind auch nicht zur Adoption freigeben … Ich brauche jemand, mit dem ich reden und der mir helfen kann."[3]

Lila beschrieb ihre Situation so:

„Ich habe gerade herausgefunden, … dass ich schwanger bin, und weiß nicht, wie das passiert sein soll. Ich hab die Pille kein einziges Mal vergessen. Ich bin fix und fertig. Ich habe vier Jungen; der Jüngste ist sieben Monate. Ich liebe sie echt, aber noch ein Kind können wir uns nicht leisten. Ich bin immer gegen Abtreibung gewesen, aber was soll ich sonst machen? Mein Mann will, dass ich abtreibe. Er setzt mich ziemlich unter Druck. Er scheint nicht zu merken, wie mich das schlaucht. Wir haben schon einen Termin, für kommenden Freitag, und ich bin völlig verzweifelt. Bitte, gibt es jemanden, der mir helfen kann?"[4]

Ich staunte, dass meine persönliche Lebenskrise nur ein Tropfen in einem Meer zu sein schien, das gleichzeitig groß und verborgen war. Ich kam mir wie jemand vor, der durch Zufall eine riesige Höhle entdeckt hatte, die hermetisch von der Welt des Lichts und der Geräusche des Alltags abgeriegelt war. Die ganze Zeit schon war sie da gewesen, und jetzt war ich gleichsam durch eine Falltür in ihr gelandet. Und als ich mich umschaute und sah, wie viele andere dort unten waren, begriff ich, warum die Hilferufe aus dieser Höhle so selten nach oben drangen. Sie waren so – ja, so intim. Das Liebesspiel zwischen einem Mann und einer Frau, Familienplanung hinter der geschlossenen Schlafzimmertür, das lautlose Sichbohren des Samens in die Eizelle, die Geheimnisse der Gebärmutter. Und wenn dieses Kind dann existiert – im Mutterleib oder später am Esstisch der Familie –, welche Mutter will es „ungeplant" nennen, gerade so, als ob seine Existenz so etwas wie ein Fehler oder Unfall wäre? Wer will seinem eigenen Fleisch und Blut dieses Stigma anhängen?

Was dieses ganze Unternehmen rettet, was die Seiten dieses Buches und die Geschichten der Frauen und Kinder in ihm rettet, ist die Möglichkeit, nein, die *Wahrscheinlichkeit*, dass die erste Angst und Ablehnung nicht bleibt, sondern dass es zu einer Verwandlung, einem Umdenken kommt.

Schon vor dieser Verwandlung erkannte ich, dass meine Isolierung nur dann verschwinden würde, wenn ich anfing, den Menschen um mich herum die Wahrheit zu sagen. Nein, ich war nicht mutig, ich handelte aus der nackten Not heraus. Tapfer so tun, als ob nichts wäre, das war nicht meine Art. Und so schluckte ich, wenn ich in Leggings und Umstandsbluse und mit sichtbar gewölbtem Bauch an den Regalen im Supermarkt vorbeiging, Freundinnen und Bekannte traf und das Fragezeichen auf ihren Gesichtern sah, und erklärte ihnen: „Gott hat uns eine Überraschung gebracht." An guten Tagen lächelte ich dabei und tat so, als ob alles in Butter wäre, aber wenn es eine Freundin war, die ich gut kannte, ließ ich das mit dem Lächeln sein. Und siehe da, es zeigte sich, dass etliche der erwähnten drei Millionen Frauen hier in unserer kleinen Stadt wohnten. Meine Offenheit ließ andere ebenfalls offen werden, und es kam zu mehr als einem geflüsterten Gespräch in diesen Monaten meiner Schwangerschaft:

„Ja, das ist mir auch passiert. Mein letztes Kind war der reinste Schock!"

„Ich glaub, ich bin auch schwanger, Leslie – und ich bin doch schon Großmutter! Was mach ich nur?"

„Ich warte immer noch auf meine Periode und habe doch schon zwei Kinder. Noch ein Kind, das schaff ich nicht!"

„Vor ein paar Jahren hab ich auch so eine Überraschungsschwangerschaft gehabt. Ich war mutterseelenallein; niemand hat verstanden, was ich durchmachte."

„Ich wusste: Wenn ich noch ein Kind bekam, hätte ich weniger Zeit für meine beiden Mädchen, und das Opfer wollte ich nicht bringen."

„Mama, ein Mädchen in meiner Klasse kriegt auch ein Baby. Sie ist vierzehn."

Fast jede Frau, die ich kannte, schien entweder selber eine ungeplante Schwangerschaft hinter sich zu haben oder eine Frau zu kennen, der das passiert war.

Weg waren sie, die abstrakten Zahlen aus den Statistiken; an ihre Stelle traten die ernsten Gesichter und Stimmen von hundert Frauen um mich herum, und fast jede Geschichte, fast jedes Gespräch endete mit einer Frage oder einem Hilferuf. Vielen Frauen ging es sehr viel schlechter als mir, aber alle brauchten sie das, was ich auch brauchte – keine Predigten, keine munter dahingesprochenen Glückwünsche, kein „Es wird schon"-Schulterklopfen, sondern eine andere Frau, die selber schwanger war und mit ihnen ging. Oder die den Weg schon hinter sich und ihr Überraschungskind zur Welt gebracht hatte – und die wusste, wo es Hoffnung und Freude gab.

Ich habe dieses Buch aus beiden Perspektiven geschrieben. Auf der Suche nach Trost und Halt begann ich noch mitten in meinen eigenen Schwangerschaften, während ich das Licht am Ende des Tunnels noch nicht sah, andere Frauen zu interviewen und zu schreiben. Die Zitate und Berichte in diesem Buch stammen aus diesen Gesprächen, bis auf ein paar, die ich aus dem Internet habe und die jeweils entsprechend gekennzeichnet sind. Ich wusste genau, was für Fragen ich in diesen Interviews zu stellen hatte, denn ich stellte sie für mich selber.

Auf diese Weise habe ich Frauen in allen möglichen Lebenssituationen kennengelernt. Da wacht Jill, eine frischgebackene ledige Lehrerin, eines Morgens auf und entdeckt, dass sie schwanger ist – und ihr Freund will nichts damit zu tun haben. Linda wird nach einer Vergewaltigung schwanger und gibt ihr Kind an eine Adoptionsagentur ab. Trisha hat die letzten siebzehn Jahre ihres Lebens damit verbracht, vier Kinder aufzuziehen; die Kindertagesstätte war zu Hause. Ihr Ältester steht kurz vor dem Abitur, die Jüngste ist gerade im ersten Schuljahr. Jetzt kann Trisha endlich selber studieren – aber nein, sie wird wieder schwanger!

Teresa und ihr neuer Ehemann wollen sich zur Ruhe setzen und in eine wärmere Gegend umziehen – und dann ist der

Schwangerschaftstest positiv. Bianca, ein Musik- und Theatertalent an einem exklusiven College, wird schwanger und muss ihr Studium abbrechen. Pam hat nach vier Fehlgeburten die Nase voll; noch eine Fehlgeburt – nein, danke. Und dann wird sie doch wieder schwanger … Marianne ist erst sechzehn, als ihre Periode ausbleibt. Ihr Freund ist Alkoholiker und will von einem Kind nichts wissen.

Bei jeder dieser Frauen wurde das Leben rüde durch ein ungewolltes Kind gestört – und heute kann keine von ihnen sich ihr Leben ohne dieses Kind vorstellen.

Und ich bin eine von ihnen. Ich bin nicht mehr dieselbe Frau wie damals, als ich dieses Buch begann. Ich begann meine Schwangerschaften und dieses Buch im dunklen Tunnel der Angst und des inneren Widerstandes. Heute, fünf Jahre später, stehe ich draußen in der Sonne und der frischen Luft, meine beiden Überraschungskinder (Abraham und Micah) in den Armen. Auf den folgenden Seiten möchte ich Ihnen Monat für Monat den Verlauf dieser beiden ungewollten Schwangerschaften schildern – so, dass Sie sich irgendwo auf diesem Weg wiederfinden können. In den Wochen und Monaten einer Schwangerschaft kann die Angst gerade so schnell und greifbar wachsen wie das Kind in unserem Bauch. Ich möchte diesen Ängsten, die so viele Frauen durchmachen, Namen und Gesichter geben und so ehrlich wie möglich erzählen, was aus ihnen geworden ist – im Leben anderer Frauen und in meinem eigenen.

Wie wir wissen, kann sich jede schwangere Frau im Prinzip zwischen drei Möglichkeiten entscheiden. Ich behaupte nicht, neutral zu sein; ich würde jedes Mal das Leben wählen. Aber manche Leserinnen wissen vielleicht noch nicht, was sie mit diesem neuen Leben, das sie da in sich tragen, machen sollen. Andere fragen sich, ob sie dieses ungewollte Kind selber großziehen oder in andere Hände abgeben sollen. Andere haben beschlossen, das Kind zu behalten, aber der Weg, der da vor ihnen liegt, sieht so lang und schwer aus.

Meine Lebensumstände erlaubten es mir, die beiden Überraschungskinder, die ich gebar, zu behalten. Nicht jede Frau kann oder sollte die Entscheidung treffen, die ich traf. Dieses Buch ist für uns alle geschrieben. In ihm kommen auch Frauen zu Wort, die sich nicht für das Leben entschieden haben und die ehrlich über diesen Schritt berichten. Zwei andere Frauen erzählen tief persönliche Geschichten darüber, wie sie ihr Neugeborenes an eine andere Familie abgaben. Auf den folgenden Seiten bekommen wir einen intimen Einblick in die Reise anderer Frauen durch Schwangerschaft und Geburt. Es sind Frauen wie Sie und ich, die mit der Realität dieses neuen Kindes kämpfen. Monat um Monat, Seite für Seite können Sie entdecken, was möglich ist – für Ihr eigenes Leben und das Ihres Kindes.

Liebe Frauen, wenn ihr eines Tages feststellt, dass ihr zum falschen Zeitpunkt und an dem ungeschicktesten Punkt eures Lebens schwanger geworden seid: Dieses Buch ist für euch geschrieben! Mögt ihr in ihm die Ehrlichkeit, die Hoffnung und die Freude finden, die ich durch die Geschichten dieser Frauen gefunden habe. Und möge Gott euch die Kraft schenken, nicht aufzugeben!

Die ersten drei Monate

1. Schwangerschaftstest

Sie haben einen Eisprung gehabt, und ein Ei ist dabei, durch einen der Eileiter in Ihre Gebärmutter zu wandern. Während des Verkehrs hat eine der Millionen Samenzellen Ihres Partners das Ei im Eileiter befruchtet. Ihr Kind besteht aus Zellgewebe, das rasch wächst, während es die Reise durch den Eileiter fortsetzt. Bei Erreichen der Gebärmutter nistet es sich in deren Wand ein. Um es herum bildet sich die Plazenta.[5]

Du weißt nicht, aus welcher Richtung der Wind kommen wird; du siehst nicht, wie ein Kind im Mutterleib Gestalt annimmt. Ebenso wenig kannst du die Taten Gottes ergründen, der alles bewirkt. (Prediger 11,5)

Wie fängt es alles an? Sie schauen auf den Kalender, Sie warten, obwohl Sie noch gar nicht wissen, dass Sie warten. Und jedes Mal, wenn Sie zur Toilette gehen – der prüfende Blick. Sie wissen, dass Sie nicht schwanger sind, es gar nicht sein können, doch nicht Sie …! Aber jetzt ist die Periode schon seit mehreren Tagen überfällig, und allmählich warten Sie wirklich, und Sie fangen an, unruhig zu schlafen. Und dann die anderen Kinder und die Arbeit. Sie gehen also in die Drogerie.

Sie hoffen, dass keine Bekannte Sie sieht, während Sie in den Regalen suchen. Endlich, da sind sie, direkt unter den

Kondomen, deren Verpackung Spaß ohne Reue verspricht. Wenn die Sache nicht so ernst wäre – Sie müssten kichern. Aber Sie kichern nicht, sondern marschieren zur Kasse, wo Sie die Schachtel dezent unter dem einen Arm zu verstecken versuchen und sich wünschen, dass es nur Damenbinden wären oder eine Gleitcreme – alles, nur nicht das, was Sie da gleich bezahlen werden. Ach ja, und das Gesicht schön locker halten, nicht so verkrampft dreinschauen … Was werden Sie sagen, wenn hinter Ihnen eine Freundin auftaucht? Am besten wohl nichts. Tapfer lächeln, das hier geht niemanden etwas an …

Sie tragen Ihren Einkauf nach Hause. Die kleine Schachtel wiegt fast nichts und ist doch schicksalsschwer, so – ja, bedeutungs*schwanger*.

Ich habe schon öfters einen Schwangerschaftstest gekauft – so viele verschiedene Fabrikate, dass ich die Gebrauchsanweisung jedes Mal neu studieren muss. Wie benutzt man dieses Ding hier? Wie viele Tage muss ich nach dem Ausfall meiner Periode warten? Muss es Morgenurin sein oder geht es auch am Nachmittag? Muss er in einen Becher oder auf einen Streifen? Muss ich den Streifen anschließend mit Wasser abspülen, und wenn ja, wie lange? Muss ich eine Minute warten oder drei oder fünf? Muss ich in dem Testfenster auf eine rosa Linie warten oder eine blaue oder eine doppelte oder gar keine?

Dieser Test ist ein in weißes Zellophan geschweißtes Stäbchen. So ähnlich wie ein Tampon, nur dass es – natürlich! – gerade das Gegenteil ist: Dieses Ding benutzt die Frau, wenn die Blutung *nicht* kommt. Ich lese sorgfältig die Gebrauchsanweisung. Ich merke, wie meine Hände dabei zittern. Ich komme mir vor wie eine Richterin über Leben und Tod. Oder wie jemand, der ein chemisches Experiment durchführt; das Labor ist mein Badezimmer. Wer hätte das gedacht, dass Leben oder Tod in diesem Teststäbchen aus der Drogerie stecken?

Ich lasse die vorgeschriebene Zahl von Sekunden Urin über das weiße Zauberstäbchen laufen und lege es anschließend auf den Rand des Waschbeckens. Drei Minuten muss ich warten, dann wird das Urteil in einem Fenster erscheinen, das nicht größer als mein Fingernagel ist. Nein, ich schaffe es nicht, vor dem Ding stehen zu bleiben; das ist wie in das Angesicht Gottes schauen. Ich gehe ins Schlafzimmer. Als ich mich zur Tür umdrehe, sehe ich kurz mein Gesicht im Spiegel. Es ist weiß und leer, ohne Hoffnung und ohne Wünsche, mein ganzes Leben scheint in der Luft zu hängen ...

Im Schlafzimmer die weißen Wände. Draußen vor dem Fenster das Wogen des Ozeans und der Tannenwipfel im Wind. (Wir wohnen auf einer Insel vor Alaska.) Ich weiß: Ich mache den Test nur, um meine kläffenden Sorgenhunde zu beruhigen. Eigentlich blöd, dass ich für so was Geld ausgegeben habe. Es ist doch eine ganz einfache Frage: Bin ich _____? Ich kann das Wort nicht aussprechen. Es ist so ein intimes Wort, und so ein hässliches und hartes. *Schwanger.* Wortwörtlich bedeutet es „schwer". Der schwere Bauch der werdenden Mutter. Das Wissen bringt mir nichts, keinen Trost, keine Hilfe.

Aber ich bin doch gar nicht schwanger, oder!? Was sind schon vier Tage? Ich habe halt gerade Stress. Diese Woche unterrichte ich 15 Stunden extra; klar, dass mein Körper das mitbekommt! Fünf Gruppen, so viele Studenten, die mich brauchen. Und meine eigenen Kinder brauchen mich erst recht; das eine ist gerade krank. Mein Mann war die ganze letzte Woche verreist. Keine Zeit für genügend Schlaf oder eine anständige Mahlzeit. Welche Frau kann da eine normale Periode haben? Sie braucht das Blut selber, sie braucht jeden Tropfen dieses Sauerstoffträgers, um auf den Beinen zu bleiben. Ja, mein Körper ist nicht dumm!

Den Frauen, mit denen ich später sprach, ging es genauso. Sie hatten alle gute Gründe dafür, nicht schwanger zu sein, nicht schwanger sein zu können! Devie war gerade zwanzig und plante ihre Hochzeit, als sie mit zitternden Händen im Badezimmer ihrer Großmutter den Test machte. Trisha lief gerade mit ihren Sportschülern über die Aschenbahn, als sie merkte, dass ihre Periode ja Verspätung hatte. Das musste wohl das viele Training sein, so war das immer, wenn sie viel lief. Sie hatte keine Lust, Geld für einen Schwangerschaftstest auszugeben; nach einer Woche brachte schließlich ihre Schwester einen mit nach Hause und bestand darauf, dass sie ihn machte.

Ella war gerade von einer Südafrika-Reise zurückgekommen, als sie eine „Magengrippe" kriegte. Die Grippe wollte nicht weggehen, und die Periode kam nicht. *Ich kann nicht schwanger sein,* dachte sie. *Ich habe doch bloß einen Eierstock, ich bin die ganzen Jahre noch nie schwanger gewesen, das ist das viele Reisen …*

Randi war so beschäftigt, dass sie nicht weiter darauf achtete, als ihre Tage ausblieben. Sie hatte einen vollen Job als Lehrerin, und es war ihr gerade recht, wenn ihr die üblichen Krämpfe und die Müdigkeit einmal erspart blieben. *Und außerdem hab ich ja nur einmal mit ihm geschlafen, und das war keiner von den fruchtbaren Tagen …*

Teresa Carlson war schon in den Vierzigern, und sie und ihr zweiter Mann dachten daran, frühzeitig in Rente zu gehen. Dann kam statt der normalen Periode nur eine Schmierblutung, und sie fühlte sich komisch. Aber schwanger? *Ich bin seit vierzehn Jahren nicht mehr schwanger gewesen.*

Michaela Schwarz hatte ein fünf Monate altes Baby plus eine postnatale Depression, dazu noch ihren Dreijährigen, der sie auf Trab hielt. Sie hatte schon seit Wochen diese Übelkeit, wusste aber, dass sie nicht schwanger sein konnte. *Ich stille doch den ganzen Tag, ich hab doch gerade erst ein Kind gekriegt!*

Und so sagen wir uns all die Gründe auf, warum wir unmöglich schwanger sein können, während der Minutenzeiger der Uhr weiterwandert. Es ist Zeit, das Urteil ist gefallen. Unschuldig oder schuldig? Wird das Leben, wie ich es kenne, weitergehen oder sterben? Ich gehe zurück durch die Badezimmertür, beuge mich über das Waschbecken, wo das weiße Stäbchen liegt. Das winzige Fenster öffnet sich …

Da ist sie, die Linie!

Natürlich, denn sonst gäbe es keine Geschichte. Kein Abgeben, keine Versöhnung, kein langsames Wachsen der Liebe. Plötzlich ist es unerbittlich wahr, das alte Klischee: Dies hier ist der erste Tag vom Rest deines Lebens – und vom Leben eines anderen Menschen.

Und dieses Leben beginnt mit einem Sturm der Gefühle, die meisten sind schwarz. Schwarz vor Angst, schwarz vor all dem „Das kann ich nicht“ und „Das weiß ich nicht“.

Was machte ich in diesen ersten Minuten? Ich stand wie erstarrt über dem Teststäbchen, mehrere Sekunden stockte mein Atem. Dann sog ich mit einem heftigen Schütteln wieder Luft ein, mein Herz begann wie wild zu hämmern, meine Hände ballten sich, lösten sich wieder, sanken. Dann rannte ich los, rufend, auf der Suche nach jemandem, der mir helfen würde, das hier zu tragen.

Ein paar Minuten später saßen Duncan und ich nebeneinander auf dem Sofa und starrten die Wände an, jeder vertieft in seine Gedanken. Und dann merkte ich es: Mein Gott, keine zwanzig Minuten, seit ich wusste, dass ich wieder Mutter werden würde, war ich schon eine schlechte Mutter. Schon war es da, das schlechte Gewissen. Hatte ich nicht gefälligst fröhlich zu sein? Was hatte ich mich, als ich frisch verheiratet war, danach gesehnt, dass so ein Testfenster mir sagte: „Jawohl, du kriegst ein Kind." Was war ich glücklich gewesen, als ich die bewusste Linie zum ersten Mal sah!

Ich dachte an die kinderreichen Frauen, die ich kannte, die jedes Mal, wenn sie merkten, dass sie wieder schwanger waren, so überirdisch strahlten. Vicky, die lächelnd die Schultern zuckte und sagte: „Na ja, ich hab alle Hände voll zu tun, aber jedes ist doch so ein Geschenk von Gott!" Warum konnte ich nicht wie sie sein? Und was war mit den vielen Frauen, die ich kannte, und den Millionen, die ich nicht kannte, die alles gegeben hätten, um endlich ein Kind zu haben, und wenn es ein adoptiertes wäre? Warum fiel mir das buchstäblich in den Schoß, wonach andere sich so vergeblich sehnten? Warum konnte ich nicht dankbar sein?

Aber da war keine Dankbarkeit in mir. Nur das Wissen, was da jetzt vor mir lag. Das Wissen, wie diese blaue Linie wachsen, sich teilen, zu einem Babykörper werden würde. Und dann die Geburt, der Kopf und die Schultern, die aus meinem krampfenden Leib rutschen würden – ein neues Wesen, vollkommen und schön! Jemand, den ich nie zuvor gesehen hatte, würde seine ersten Atemzüge tun, und dann würde er auf meiner Brust liegen, würde mich erkennen am Klang meiner Stimme, am Geruch meines Körpers, und meine Brust suchen. So würde es kommen. Ein Kind, das Sauerstoff verlangen würde und Milch. Meine Milch. Es würde allein nach *mir* schreien, in dunklen Nächten allein *mich* verlangen.

Aber was würde ich ihm zu bieten haben? Der bloße Gedanke an das, was so ein neues Baby bedeutete, ließ mich schon in Erschöpfung fallen. Würde ich so leer oder depressiv oder fertig sein, dass ich rein gar nichts spüren würde, keinen Raum in meiner Seele hätte für den Wirbeltanz der Freude und des Staunens? Hätte ich für dieses Kind keinen Segen mehr übrig nach all den anderen? Ich kam mir vor wie der Erzvater Isaak, nachdem er durch einen bösen Trick sein ganzes Erbe und seinen Segen dem falschen Sohn gegeben hatte. Als der rechtmäßige Erbe, der andere Sohn kam, um seinen Segen zu erhalten, war es zu spät. Isaak heulte vor Schmerz über den Betrug. Er war leer, der Segen war ausgesprochen und weg, er konnte seinem anderen Sohn kaum noch etwas bieten. *Ich muss noch einen Segen übrig haben, ich muss! Irgendwo. Aber woher soll er kommen? Wie kriege ich ihn?*

Wie reagieren andere Frauen in jenem Augenblick der Wahrheit und den ersten Minuten danach?

Als Trisha die Linie auf dem Stäbchen sah, glaubte sie ihr nicht. Sie hatte bei diesen Tests schon mehrere Male einen Fehlalarm erlebt. Ihre Schwester sagte, dass auf die Tests Verlass war. Trisha schüttelte den Kopf: *Quatsch!* Drei Tage danach immer noch keine Periode. Ihre Schwester brachte ein zweites Teststäbchen nach Hause und bestand darauf, dass sie es benutzte. Ergebnis wieder positiv. Aber sie *fühlte* sich doch nicht schwanger! Früher hatte sie es immer genau gewusst, wenn sie schwanger war. Um das Theater zu beenden, ging sie zusammen mit ihrem Mann Steve zum Arzt. Der Arzt kam lächelnd zurück ins Sprechzimmer: „Gratuliere, Sie sind schwanger!“ Steve und Trisha lachten ungläubig, dann machten sie, dass sie nach draußen kamen. Schweigend fuhren sie nach Hause. Vier Kinder hatten sie schon; ihr Ältester würde in diesem Frühjahr sein Abitur machen.

Auch Michaela Schwarz wollte der Linie in dem Sichtfenster nicht glauben. Nein, das konnte nicht sein … Die Linie war ja nur ganz schwach, und außerdem war sie mitten im Stillen. Seit der Geburt ihres Babys vor fünf Monaten hatte sie nicht ihre Tage gehabt. Sie wickelte das Stäbchen in Toilettenpapier, die Hände zitternd, und rannte damit zu ihrer Freundin, die nebenan wohnte. Sie hielt ihr das Stäbchen hin: „Was bedeutet das hier?“ Die Freundin schaute hin und sagte: „Na, da gratulier' ich!“ Michaela brach in Tränen aus.

Ella war wütend, als sie den Test machte. Wütend, dass es elf Dollar kostete, um herauszufinden, dass man nicht schwanger war. Sie und ihr Mann hatten jahrelang versucht, ein drittes Kind zu bekommen. Vor fünf Jahren hatten sie es erleichtert aufgegeben; so, wie es war, war es am besten … Als sie die Linie sah, starrte sie sie ungläubig an. Auf einmal kam sie sich mit ihren 43 Jahren wie ein Teenagermädchen vor: auf frischer Tat ertappt … Die Predigten, die sie ihren Töchtern gehalten hatte, gingen ihr durch den Kopf: *Wenn du Sex hast, wirst du schwanger! Was erwartest du?* Sie fühlte sich, als ob sie von einem hohen Berg in ein schwarzes Loch stürzte – wütend, frustriert, verzweifelt. Was sie jetzt alles aufgeben müsste. Das ganze Elend wieder von vorne …

Ja, es gibt hundert Gründe, aufzubegehren, zu protestieren, nicht zu glauben, dass wir das schaffen werden, was jetzt auf uns zukommt:

„Letzten Herbst ist unsere Jüngste endlich in die Schule gekommen."

„Nächsten Monat wollte ich doch anfangen, mir eine Stelle zu suchen und wieder ein eigenes Leben zu haben."

„Mein Freund will kein Kind! Was soll ich jetzt machen?"

„Die letzte Schwangerschaft war so schwer, und das Kind war eine Frühgeburt. Was haben wir für Sorgen gehabt – und jetzt all das wieder?"

„Muss ich jetzt meinen Beruf an den Nagel hängen, den ich doch so liebe?"

„Noch mal Umstandskleider? Eher erdrossele ich mich mit diesen Leggings, als dass ich sie trage! Und diese Blusen – als ob man keine Frau, sondern ein Segelschiff ist. Bitte, bitte, nicht noch einmal diese furchtbaren Kleider!"

„Ich bin schon über vierzig, da kann ich doch kein Kind mehr kriegen!"

„Ich weiß, dass das blöd klingt, aber der Gedanke, wieder so dick zu werden, macht mich fix und fertig. Es dauert so lange, bis all die Pfunde wieder runter sind. So, wie ich jetzt aussehe, mag ich mich – und jetzt muss ich mich von dieser Figur verabschieden …"

„Wie alt bin ich, wenn dieses Kind sein Abitur macht – hundert, oder was?"

„Ich weiß nicht, wie ich die Blicke der Leute aushalten soll, und diese spitzen Bemerkungen: ‚Die vermehren sich ja wie die Kaninchen! Hat die *schon wieder* ein Kind?'"

„Wenn ich das meiner Mutter sag, bringt die mich um!"

Linda Ross war tief schockiert, als sie merkte, dass sie schwanger war. Sie wusste genau, wie und wann es passiert war; sie würde diesen Tag nie mehr vergessen. Sie war zwanzig und noch Jungfrau und hatte in ihrem Sommerurlaub einen älteren Mann kennengelernt. Sie wusste, dass er nicht der Richtige war, aber trotzdem … Seit zwei Jahren studierte sie Theologie. Sie war die Erste in ihrer großen Familie, die studierte, und alle waren stolz auf sie. An jenem Abend fuhr ihr Bekannter mit ihr zu ihrer Wohnung. Plötzlich bog er in eine Nebenstraße ab, die zu einem See führte. Es war spät und dunkel und keine anderen Menschen in der Nähe. Dort an dem See vergewaltigte er sie. Sie hatte keine Chance gehabt gegen den groß gewachsenen Kerl.

Linda hatte die Tat nicht angezeigt. Sie brachte es nicht fertig, zur Polizei zu gehen, sie wollte ihrer Familie keine Schande machen. Und so blieb sie allein mit ihrem Elend; würde sie es fertigbringen, ihr Studium wieder aufzunehmen, wenn der Herbst kam? Und dann blieb ihre Periode aus. Ein Kind – auch das noch! War die Vergewaltigung nicht schon schlimm genug gewesen? Sie sagte niemandem ein Wort, packte ihre Siebensachen und flog nach Kalifornien, innerlich ein Wrack.

Es fällt mir schwer, mich in Lindas Lage hineinzuversetzen, in das Trauma einer Frau, die durch eine Vergewaltigung schwanger wurde. Linda stürzte das Wissen um die Schwangerschaft in ein schwarzes Loch der Verzweiflung.

Aber oft ist es gerade anders herum, und der Schwangerschaftstest bringt der Seele endlich Ruhe. Carol Nelson wünschte sich, sie hätte den Test eher gemacht. Sie hatte vier Jungen, von denen zwei schon erwachsen waren, dazu ein 13 Monate altes Kleinkind. Bei jedem der Kinder hatte sie es zeitig gemerkt, dass sie schwanger war, und jetzt spürte sie, dass das nächste unterwegs war. Aber wie sollte sie das ihrem Mann beibringen? Konnten sie sich finanziell überhaupt noch ein

Kind leisten? Und würde sie es schaffen, noch ein Kind zu lieben?

Mit jedem Tag und jeder Woche wurde Carol unruhiger. Nach sechs Wochen konnte sie es nicht mehr aushalten und fuhr zur kirchlichen Schwangerschaftsberatung. Sie machte dort den Test; die Leiterin der Beratungsstelle saß neben ihr, als die Linie im Sichtfenster erschien. Carol schaute die Linie an, nickte, fast erleichtert, und dann neigten die beiden Frauen ihre Köpfe und beteten miteinander, den Teststreifen zwischen sich auf dem Tisch. In diesen Minuten spürte Carol zum ersten Mal seit Wochen inneren Frieden. Jetzt war sie nicht mehr allein mit ihrem Wissen. Und sie hatte ihr Problem Gott hingelegt.

Inmitten all der Stimmen der Angst gibt es doch etwas, an dem wir uns festhalten können. Der Test war also positiv. Jetzt wissen wir es, und dieses Wissen befreit uns von der allergrößten der Ängste – der großen Ungewissheit: *Bin ich schwanger?* Und obwohl auf diese Angst hundert andere folgten, konnte jede von uns, trotz aller Fragen und aller Trauerarbeit, an diesem Punkt anfangen, wieder zu leben und nach vorne zu denken.

Wir sind die erste Generation, die auf die lähmende Frage: *Bin ich vielleicht schwanger?,* so schnell eine Antwort bekommt. Was haben die Frauen nur in all den Jahrhunderten gemacht, als es noch keine Schwangerschaftstests gab? Der Test verkündet sein Urteil, und wir wissen Bescheid. Ja oder nein. Lache oder weine, wirf die Arme hoch, springe, tanze, knie dich hin – was wir tun oder spüren müssen, es beginnt in diesem Augenblick, in dieser Sekunde. Der Startschuss ist gefallen, wir rennen los. Wie unangenehm die Antwort auch sein mag – wir haben Gewissheit, und dass sie heute so früh kommt, ist eine große Gnade, denn es gibt viel zu tun.

Und jetzt kommt noch eine größere Gnade. In den nächsten dreißig Minuten oder vielleicht am nächsten Tag versuchen wir, die nächsten zwei oder drei Jahre unseres Lebens vor unserem inneren Auge abzuspulen. Alles, wovor wir Angst haben, überfällt uns mit einem einzigen Schlag. Wir fühlen uns so schwach, denken: *Das schaff' ich nie!* Und es stimmt ja: Es ist unmöglich, diese tiefen Bedürfnisse und Ängste und all das in einer einzigen Stunde oder einem Tag oder auch nur in einer Woche zu bewältigen. Aber mit jedem Tag, der vergeht, verändern sich unsere Ängste; einige verblassen, ja lösen sich auf, andere werden langsam Wirklichkeit. Aber jetzt, in diesem Augenblick nach dem Test, brauchen Sie nicht alle Fragen zu beantworten. Warten Sie ab. Jeder Tag bringt seine eigene Plage, aber auch seine eigenen Antworten und seine eigene Hoffnung.

2. Wie sage ich es?

Gegen Ende des zweiten Monats sieht der Embryo schon mehr nach einem Menschen aus. Er ist vom Kopf bis zum Gesäß gut 3 Zentimeter lang und wiegt etwa 10 Gramm. Sein Herz schlägt bereits, und an den Armen und Beinen sind die Ansätze zu Fingern und Zehen zu erkennen. Knorpel wird allmählich durch Knochen ersetzt.[6]

Schon als ich im Verborgenen Gestalt annahm, unsichtbar noch, kunstvoll gebildet im Leib meiner Mutter, da war ich dir dennoch nicht verborgen. (Psalm 139,15)

Schön, jetzt wissen Sie es also. Die nächste Frage ist: Wem sage ich's? Vielleicht haben Sie vor lauter Schock das Teststäbchen fallen gelassen, sind schreiend hinausgerannt und haben jedem, der Sie hören wollte, die Neuigkeit brühwarm erzählt. Oder Sie haben Ihrem Mann das Stäbchen ungläubig und wütend vor die Nase gehalten. Die meisten Frauen, die eine stabile Beziehung haben, brauchen hier nicht lange zu überlegen – klar, der Erste, der es hört, ist ihr Partner. Das plötzliche Wissen, dass Sie schwanger sind, ist eine solche Last, dass Sie dringend jemanden brauchen, der sie mit Ihnen trägt. Jetzt, sofort. Es ist der Beginn einer langen Reise, auf der man wenigstens nicht mehr allein ist.

So habe ich es jedenfalls erlebt. Duncan und ich waren seit 22 Jahren verheiratet, als Abraham sich anmeldete, 24, als

Micah kam. Wir waren in fast allen Bereichen unseres Lebens wirklich „ein Fleisch“ geworden, wie die Bibel sagt. Als das Teststäbchen sich verfärbte und ich Duncan die Nachricht herausstotterte, da wussten wir, ohne dass ein Wort gefallen war, dass wir diese Kinder, die wir da gemeinsam gezeugt hatten, auch gemeinsam aufziehen würden. Mehr wussten wir nicht, und mehr brauchten wir zunächst auch nicht.

Das ist nicht bei jeder Frau so. Vielleicht haben Sie Ihrem Partner die Nachricht noch gar nicht gesagt, weil Sie genau wissen, dass er das Kind nicht will. Oder vielleicht will er das Kind, aber Sie wollen es nicht. Vielleicht wissen Sie nicht, ob Sie ihn überhaupt noch einmal sehen werden. Wenn Sie ein Teenager sind, sind vielleicht eher Ihre Eltern das Problem. Wie bringen Sie ihnen *das* bei? Wie wütend oder schockiert werden sie sein? Werden sie darauf drängen, dass Sie das Kind „wegmachen“ lassen? Oder dass Sie es zur Adoption freigeben? Und was ist mit Ihrem Freund? Was, wenn er Sie mit diesem Kind sitzen lässt? Hundert quälende Möglichkeiten. Und nicht nur Möglichkeiten; Sie kennen Freundinnen, die das hinter sich haben.

Marianne war sechzehn und auf dem Gymnasium, als sie den Eindruck bekam, dass sie schwanger war. Damals konnte man Schwangerschaftstests noch nicht in jeder Drogerie kaufen, aber die Symptome waren alle da. Zwei Monate später, als sie ganz sicher war, informierte sie ihren Freund, der achtzehn war. Seine Reaktion: *Kein Baby, lass abtreiben!* Marianne weigerte sich. Sie hatte noch keinen Plan, aber sie hatte davon geträumt, einmal Mutter zu werden. Natürlich noch nicht jetzt, aber das Leben dieses Kindes zu beenden, das brachte sie nicht fertig, so viel war ihr klar. Doch ihr war auch klar, dass sie ihren Eltern nichts von der Schwangerschaft sagen konnte. Vor allem ihre Mutter hatte solche Hoffnungen für sie, sie würde am Boden zerstört sein. Oder fuchsteufelswild. Die Wochen zogen sich dahin. Marianne ging zur Schule, kam nachmittags nach Hause, ging durch ihren Alltag, aber innerlich war sie fix und fertig und sehr einsam. Ihr Freund hatte sie im Stich gelassen. Und sie ihre Eltern.

Der Tag kam, wo sie die Schwangerschaft nicht länger verstecken konnte. Als ihre Mutter entdeckte, dass ihre Jüngste schwanger war, reagierte sie ganz so, wie Marianne es befürchtet hatte: wütend, ja hysterisch. Dieses Balg durfte nicht das Leben ihrer Tochter zerstören! Sie bestand auf der Abtreibung. Trotz Mariannes heftiger Proteste fuhr ihre Mutter sie in die Klinik, und der Eingriff wurde vorgenommen.

Die nächste Woche war ein einziger Alptraum. Marianne verlor ihren Glauben an Gott, ihren Glauben an ihre Eltern, ihre Hoffnung, eines Tages eine Mutter zu werden.

Aber die Geschichte war nicht zu Ende. Die Abtreibung hatte nicht geklappt. Als Marianne mir über zwanzig Jahre später ihre Geschichte erzählte, sagte sie: „Ich glaube, Gott hat mir dieses Mädchen zurückgebracht. Was in mir vorging, als ich merkte, dass das Baby noch da war, kann ich nicht beschreiben. Und als meine Eltern merkten, dass ich dieses Kind doch bekommen würde, änderten sie sich komplett. Mein Vater kam zu mir – er weinte und sagte: ‚Wir behalten das Kind. Mach dir keine Sorgen, du kannst bei uns bleiben, es wird alles gut.'"

Marianne wurde eine alleinerziehende Mutter. Als ich sie interviewte, hatte sie gerade ihr Flugticket gekauft, um dabei zu sein, wenn ihre Tochter Laurel nach ihrem mit Auszeichnung bestandenen Examen feierlich ihr Diplom überreicht bekam.

Dana war zwanzig und hatte gerade mit dem Studium begonnen. Da sie die Tochter eines Berufsoffiziers war, wurde ihre plötzliche Schwangerschaft (der Vater des Kindes war Soldat) unter den Teppich gekehrt. Ihr Vater bot sich an, sie nach Mexiko zu fahren, um dort das Kind abtreiben zu lassen und damit die Sache „ein für alle Mal zu regeln". Würde sie sich weigern, bräuchte sie gar nicht mehr nach Hause zu kommen und ihre Eltern würden ihr keinen Pfennig mehr geben.

Dana weigerte sich trotzdem. Mit zwanzig schon ein Kind – so hatte sie sich das Leben nicht vorgestellt. Aber dieses Baby opfern, das konnte sie nicht. Sie zog aus, in einen anderen Bundesstaat, in eine Stadt, wo sie als Highschool-Schülerin schon einmal gewohnt hatte. Sie besorgte sich zwei Jobs (in einer Konservenfabrik und als Kindermädchen) und zog in eine kleine Wohngemeinschaft. Eines Morgens, als sie im achten Monat war, fühlte sie sich ganz schwach. Sie ging früher als sonst von der Arbeit nach Hause, und ein paar Stunden später wurde im Militärkrankenhaus ihre Tochter geboren. Es war ein winziges Baby, keine vier Pfund schwer, mit schönem schwarzem Haar. Ein paar kurze Augenblicke hielt Dana ihr Kind mit ungläubigem Erstaunen in den Armen, dann kam eine Schwester und nahm es ihr weg, um es „sauber zu machen".

Dana sah ihr Baby nicht wieder. Da sie die Tochter eines Offiziers war und das Kind in einem Militärkrankenhaus zur Welt gebracht hatte, liefen alle Entscheidungen über ihren Vater. Das Krankenhaus informierte ihn von Danas Aufnahme und dann von der Geburt, und seine Reaktion war prompt: „Geben Sie das Kind an eine Adoptionsagentur!" Worauf der behandelnde Arzt verfügte, dass Dana ihre Tochter nicht sehen und auch keine Informationen über sie erhalten durfte. Man verlegte sie auf eine andere Station; auf ihre verzweifelten Fragen, wo ihr Kind war, kam nur Schweigen.

Im Laufe der nächsten beiden Wochen begann eine traumatisierte Dana, den Stimmen in ihrer Verwandtschaft und in ihrem eigenen Kopf, die ihr weismachten, dass sie dieses Kind nicht alleine großziehen konnte und dass es für alle das Beste war, wenn es woanders aufwuchs, zu glauben. Sie konnte kaum gehen, nichts essen, fühlte sich, als ob sie gestorben wäre. In ihrer Not willigte sie schließlich in alles ein.

Doch wie bei Marianne ging auch bei ihr die Geschichte noch weiter. Danas Tochter wurde von einer Familie adoptiert, die sie in einem warmen Nest der Liebe großzog, und zwanzig Jahre später kam es zu einer Begegnung von Mutter und Tochter; das Erlebnis schuf ein Band zwischen den beiden, das nie mehr reißen wird.

Dies sind mit die dramatischsten Beispiele, die ich kenne. Aber selbst hier kam es zu so etwas wie einem Happy End. Der vielleicht traurigste Fall, wo es schwierig ist, irgendetwas Positives zu sehen, ereignete sich vor kurzem in meiner eigenen Stadt und ist nur einer von vielen ähnlichen Fällen: Eine zitternde Sechzehnjährige beichtete ihren Eltern, dass sie schwanger war. Sie zwangen sie, in eine Abtreibungsklinik zu gehen. Das Mädchen wollte das Kind nicht töten, aber die Eltern ließen ihm keine Wahl. Das Mädchen verlor das Kind.

Gerne würde ich Ihnen versichern, dass dies krasse Ausnahmefälle sind, aber das wäre nicht wahr. Tatsache ist, dass selbst in einer Ehe, in einer Beziehung, die stabil ist, eine unerwartete Schwangerschaft zu Reaktionen führen kann, mit denen man nicht gerechnet hat.

Chris war glücklich verheiratet – bis sie auf einmal schwanger wurde. Ihr Mann wollte von dem Kind nichts wissen. Als sie die Abtreibung verweigerte, begann er ihr bittere Vorwürfe zu machen. Chris weiß nicht, wie es weitergehen soll mit ihr und ihrer Ehe; sie weiß nur, dass sie dieses Kind liebt.

Aber auf jede dieser Frauen, die „es" ihrem Partner oder ihren Eltern sagten und dann die Kontrolle über das Schicksal ihres Kindes verloren, kommen viel mehr Fälle von Frauen, deren Ängste nicht Wirklichkeit wurden.

Rosa hatte große Angst davor, ihren Eltern zu sagen, dass sie mit ihren 33 Jahren schwanger geworden war und dass der Vater des Kindes sich rarmachte. Ihre Beziehung zu ihrem eigenen Vater, der Arzt war, war schon so gespannt genug. Seine Launen waren unberechenbar, seine Wutausbrüche gefürchtet. Zu einem ihrer Geschwister hatte er bereits jeglichen Kontakt abgebrochen, und sie lebte in ständiger Angst davor, dass er auch sie verstoßen würde. Es war die Angst vor ihrem Vater gewesen, die sie vor einigen Jahren dazu gebracht hatte, ihre erste Schwangerschaft abzubrechen. Es war der schlimmste Tag ihres Lebens gewesen. Nein, diesmal würde sie nicht abtreiben.

Ihm in einem persönlichen Gespräch von der Schwangerschaft zu berichten, brachte sie nicht fertig, und so schrieb sie stattdessen einen Brief. Sie berichtet: „Ich schrieb ihm: ‚Ich weiß, dass Du jetzt sehr enttäuscht sein wirst, aber das ist mir egal. Ich habe diese Schwangerschaft nicht geplant, aber ich habe immer ein Kind gewollt. Es sieht nicht so aus, als ob ich je heiraten werde, aber ich will dieses Kind trotzdem haben. Ich hoffe, Du kannst das verstehen. Ich liebe Dich sehr, aber so ist das also.'"

Ihre Eltern schrieben ihr einen Antwortbrief, in dem sie ihr eine Abtreibung vorschlugen. Das verletzte Rosa tief; ihr Vater war immer ein entschiedener Abtreibungsgegner gewesen. Aber ihre Befürchtungen wurden nicht wahr: Ihr Vater brach nicht mit ihr, und er lehnte auch das Kind nicht ab; im Gegenteil: Großvater und Enkelsohn wurden die besten Freunde.

Auch Jill Rohrer hatte jede Menge Gründe, „es" lieber nicht zu sagen. Ihr Vater war Pastor, und ein Großteil ihres Lebens hatte sich in der Gemeinde abgespielt. In diesem Frühjahr hatte sie gerade ihr Studium an einem christlichen College abgeschlossen. Sie wusste schon gar nicht mehr, wie oft sie gehört hatte, dass vorehelicher Geschlechtsverkehr nicht nach Gottes Willen war. Und doch hatte sie mehrere Male mit ihrem Freund geschlafen – wenn sie ganz ehrlich war, eigentlich nur, um ihn nicht zu verlieren, als seine Begeisterung für sie abzukühlen begann. Was würde geschehen, wenn sie zu Hause von ihrer Schwangerschaft erzählte? Diese Schande! Würden ihre jüngeren Schwestern, die immer zu ihr aufgesehen hatten, noch mit ihr reden? Und was würde aus ihrem Beruf? Sie hatte gerade eine gute Stelle an einer Grundschule bekommen – ihre erste Anstellung als Lehrerin. Was, wenn die Schulleitung etwas gegen unverheiratete Schwangere hatte? Wem konnte sie überhaupt noch in die Augen schauen, nachdem sie ihre eigenen Ideale so verraten hatte?

Aber es führte natürlich kein Weg daran vorbei, sie musste es ihren Eltern sagen. Der Tag kam, wo sie merkte, dass sie so oder so nicht mehr viel zu verlieren hatte. Sie hatte bereits angefangen, auf Distanz zu ihren Eltern und Schwestern zu gehen, mit denen sie sich immer so gut verstanden hatte. Sie hörte auf, zur Kirche zu gehen. Im letzten Gottesdienst, in dem sie gewesen war, hatten sie das Abendmahl gefeiert; sie hatte das Brot und den Wein mit steinerner Miene an sich vorbeigehen lassen. In ihrer Schule trug sie weite, fließende Kleider, und in den Pausen ging sie zur Toilette, um sich zu übergeben. Aber dann hielt sie das Versteckspiel – gegenüber ihrer Familie, ihren Kollegen und Gott – nicht mehr aus. An einem Freitagabend fuhr sie nach Hause. Sie wusste: Freitags waren alle da.

Nach dem Abendessen, als alle aufstehen wollten, sagte Jill: „Könntet ihr eben noch warten? Ich muss euch was sagen." Eine ihrer Schwestern grinste los. „Oh! Heiratest du?" Jills Gesicht verspannte sich. Heiraten – nichts wollte sie lieber als das, aber dieser Mann, den sie so gemocht hatte, hatte bereits den Rückzug angetreten gegenüber ihr und dem Baby; es war nur noch eine Frage der Zeit, bis er ganz aus ihrem Leben verschwinden würde.

„Neiiin." Jill zog das Wort in die Länge, den Kopf zur Seite gedreht. Jetzt oder nie. Und sie spuckte es aus: „Ich krieg' ein Kind. Ich bin beim Arzt gewesen, und ich bin ganz sicher, und das tut mir alles so leid." Dann verstummte sie und wartete. Ihr Vater, ihre Mutter und ihre Schwestern saßen wie erstarrt da, die Augen groß in ungläubigem Staunen. Dann, wie auf ein geheimes Kommando, standen ihre Eltern auf, kamen zu ihr und nahmen sie in die Arme.

In der Gemeinde war es ähnlich. Als am nächsten Sonntagabend ihr Vater den Gemeindeältesten die Neuigkeit beibrachte, reagierten diese mit Liebe und Verständnis. „Wir stehen hinter Ihnen, Herr Pastor. Und bitten Sie Jill, dass sie nicht wegen dieser Sache unsere Gemeinde verlassen soll!" Einer der Ältesten brachte es auf den Punkt: „Dies ist kein Verbrechen, dies ist ein Kind! Sexuelle Beziehungen können hundert Folgen haben, die viel schlimmer sind."

Wem sage ich's? Für viele Frauen ist das Mitteilen der Schwangerschaft das Ende der inneren Isolation und Einsamkeit. Wenn Sie Angst haben, es nicht alleine zu schaffen mit dem Sprechen, nehmen Sie eine Freundin mit, die Ihnen zur Seite steht. Wenn Sie es nicht fertigbringen, es im persönlichen Gespräch zu sagen, schreiben Sie zuerst einen Brief (wie Rosa) oder rufen Sie an. Den Menschen, die Ihnen nahestehen, die Wahrheit zu sagen – dafür sind Sie selber verantwortlich. Wie diese darauf reagieren, ist ihre Sache. Wenn Ihre Eltern oder Ihr Partner nichts von dem Kind wissen wollen, gibt es sicher andere, die Ihnen helfen werden. Irgendwo *gibt* es Menschen, die Ja sagen zu diesem Kind – die vielleicht mehr Ja sagen, als Sie das gerade können. Brechen Sie Ihr Schweigen; suchen Sie bei Freundinnen, Geschwistern, Verwandten oder einer Beratungsstelle Hilfe für sich und Ihr Baby. Wenn Sie nicht wissen, an wen Sie sich wenden sollen, konsultieren Sie eine der Adressen im Anhang dieses Buches. Und sagen Sie die *ganze* Wahrheit: „Ich bin ungewollt schwanger. Dies ist eine sehr schwierige Situation für mich, und ich brauche deine/eure/Ihre Hilfe."

Selbst ich, die ich schon so lange im sicheren Hafen der Ehe lebte, brauchte Hilfe. In den ersten Wochen fühlte ich mich so allein mit meinem Problem. Alle dachten sie, dass es halt „noch eine Schwangerschaft" war, bis ich es endlich wagte und die ganze Wahrheit sagte, mich in offene Arme fallen ließ und mich ausweinte. Sagen Sie es lieben Menschen, dass Sie in Not sind, und sie werden Ihnen helfen, aus Ihrem Labyrinth hinauszufinden.

3. Herztöne

Im dritten Monat können Sie mit einem Stethoskop die Herztöne Ihres Kindes hören. Ihr Kind hat jetzt Finger, Zehen und weiche Finger- und Zehennägel. Am Ende dieses Schwangerschaftsmonats ist es gut 10 Zentimeter lang und wiegt etwa 30 Gramm.[7]

Du hast mich geschaffen – meinen Körper und meine Seele, im Leib meiner Mutter hast du mich gebildet. Herr, ich danke dir dafür, dass du mich so wunderbar und einzigartig gemacht hast! (Psalm 139,13-14)

Ich bin in der Praxis meines Arztes, einem niedrigen, grauen Gebäude, von dem aus man auf eine Meeresbucht hinausblickt. Zu diesem Arzt gehe ich schon seit 25 Jahren. Bei meinem ersten Termin trug er Jeans und Turnschuhe. Er brachte vor 14 Jahren mein erstes Kind zur Welt. Ich liege auf dem Untersuchungstisch und ziehe das berühmte Tuch, mit dem die Patientin sich bedecken darf, so weit über meine Knie, wie es geht. Ende des Eingriffs in meine Privatsphäre, mein Unterleib gehört wieder mir.

„Gratuliere, Sie sind eindeutig schwanger. Sie dürften in der achten oder neunten Woche sein, am Anfang Ihres dritten Monats." Das weiß ich natürlich alles schon, und so sage ich nichts. Der Arzt steht am Waschbecken, mit dem Rücken zu mir, und säubert sich die Hände. Er ist nur sechs oder sieben

Jahre älter als ich, eher ein Bruder als ein Vater. Er dreht sich um und schaut mich fragend an. „Ich dachte, ihr hättet die Produktion eingestellt?“ Sein Gesicht faltet sich zu einem Lächeln. Sein Sohn studiert gerade, seine Tochter ist in einer der oberen Klassen der Highschool.

„Hatten wir auch, äh, haben wir“, antworte ich, ohne eine Spur Humor in der Stimme.

Er schaut mich prüfend an. Dann: „Tja, manchmal passiert's halt.“ Er zuckt philosophisch die Achseln. „Dies ist euer – Sechstes?“

Ich nicke stumm.

Er schüttelt wissend den Kopf, überlegt sich, wie er reagieren soll. „War euer Letztes nicht ein bisschen eine Überraschung?“

„Das können Sie laut sagen.“

„Wie alt ist es jetzt?“

„Abraham ist 15 Monate.“ Ich denke an den Jungen, an seine übersprudelnde Fröhlichkeit und wie viel Sonnenschein er in unser Haus gebracht hat. Zum ersten Mal an diesem Morgen lächele ich.

„So, so.“ Er klingt beeindruckt. Beeindruckt von was? Von unserer Dummheit? Unserem Fehler? Dass wir es tatsächlich fertiggebracht haben, noch einen Sprössling zu produzieren? Ich warte auf den entsprechenden Klang in seiner Stimme, vielleicht sogar ein Wort, bereite mich darauf vor, schmerzlich mit dem Gesicht zu zucken, aber so plump ist er doch nicht.

„Na, ihr seid fleißig“, fährt er fort, anerkennend nickend. „Es gibt Leute, die sind dazu prädestiniert, ihre Gene weiterzugeben.“ Seine Brauen gehen in die Höhe, sein Lächeln ist

Mut machend. Ich beschließe, gute Miene zu machen, und lächele zaghaft zurück.

Er schaut zu meiner Patientenakte hin. „Wie alt sind Sie noch mal? 43?"

„44", erwidere ich. „Wenn das Kind geboren ist, 45." Meine Stimme ist bleiern. Mitte vierzig ist die Grenze fürs Kinderkriegen. Und dann die Frage, wegen der ich eigentlich gekommen bin: „Gut, und wie hoch ist also das Fehlgeburtsrisiko in meinem Alter?" Es ist die Frage, die ich schon vor einer Woche stellte, als ich meinen Termin ausmachte.

Der Arzt wird vorsichtig. „Also, an Ihrer Stelle würde ich noch niemand was von der Schwangerschaft sagen. In Ihrem Alter ist das Fehlgeburtsrisiko genau 50 Prozent. Warten Sie mit dem Weitererzählen, bis wir die ersten Herztöne haben, dann sinkt das Risiko auf etwa 10 Prozent."

„50 Prozent?", frage ich. Er nickt. Warum können es nicht 53 oder 48 Prozent sein? Dann hätte man wenigstens eine Richtung. 50 Prozent – das ist die ungewisseste Zahl von allen, das ist Stress pur! Dann ein plötzlicher Hoffnungsfunke: Vielleicht ist in ein paar Wochen alles vorbei und es gibt Entwarnung? Aber meine erste Fehlgeburt, vor zwanzig Jahren, sie war alles andere als schön. Worauf hoffe ich denn nun – ein neues Leben oder eine Art Tod?

Der Arzt sieht mir an, wie durcheinander ich bin. „Kommen Sie in zwei, drei Wochen wieder. Je länger Sie warten, umso wahrscheinlicher ist es, dass wir die Herztöne kriegen, und dann sehen wir weiter."

Für viele Frauen ist der dritte Monat der längste. Der anfängliche Schock ist vorbei, jetzt kommen die Übelkeit, die Müdigkeit, das Blei in den Beinen, das noch so viele Stunden Schlaf nicht wegkriegen. Lauter Zeichen, dass da ein neues Leben kommt. Aber noch kann es keiner sehen. Noch keine Umstandskleider, der Bauch ziemlich normal. Aber bald, gegen Ende des Monats, gehen Sie wieder zum Arzt, und wenn das Baby da ist, werden Sie sein Herz hören.

Das Abhören geht einfach. Der Arzt oder die Hebamme hält für den Ultraschall ein Gerät, das ein wenig wie eine Taschenlampe aussieht, an den zuvor mit Gleitcreme eingeschmierten Bauch der Frau und bewegt ihn so lange hin und her, bis der Fötus lokalisiert ist und man seine Herzschläge hört. Es ist eine Routineuntersuchung – und ein unvergesslicher Augenblick.

Theresa Peterson, die mit 40 Jahren überraschend noch mal schwanger geworden war, lag in ihrem Wohnzimmer auf dem Sofa, neben ihr die Hebamme. Auch ihre beiden Kinder, der 13 Jahre alte Charlie und die 11-jährige Meredith, waren da. Und dann kam es – das rhythmische Geräusch des kleinen Herzens, laut und deutlich und klar. Charlies und Merediths Augen wurden groß, sie sahen einander an, dann ihre Mutter. Sie konnten nicht sprechen vor Staunen. Theresa badete in dieser stummen Andacht. Jetzt war es also amtlich: Dort in ihrem Bauch wuchs ein Baby, das bald ein Glied ihrer Familie sein würde.

Doch manchmal gibt es Komplikationen bei der Herzton-Untersuchung. Michele entdeckte in der Toilette des Polizeipräsidiums, wo ihr Mann arbeitete, dass sie schwanger war. Sie wollten zusammen essen gehen. Aber am Abend zuvor war

Michele wieder so furchtbar erschöpft gewesen. Nun ja, sie hatte allen Grund, müde zu sein. Sie hatte vier Kinder. Das Jüngste, das fast ein Jahr war, stillte sie noch, den übrigen gab sie Hausunterricht. Vier Kinder – das war wirklich genug. Ihr Mann, Lonnie, und sie hatten angefangen, Empfängnisverhütung zu betreiben, einen Termin für die Sterilisierung hatten sie schon. Im Winter würde die ganze Familie einen Urlaub auf Hawaii machen, den ersten Urlaub in fünf Jahren. An jenem Abend hatte Lonnie gemeint: „Mensch, so müde bist du nur, wenn du schwanger bist.“ Wie konnte der nur so etwas sagen?

Am nächsten Tag dann der Test. Und die Linie im Sichtfenster. Michele stürmte in das Büro ihres Mannes und schmiss das Teststäbchen auf den Schreibtisch. Lonnie wusste nicht, was das für ein Ding war, und nahm es in die Hand. Dann merkte er, was es war, und sah sie an. Michele stieß hervor: „Das ist deine Schuld! Warum hast du die Vasektomie noch nicht machen lassen? Ich hatte dir doch ’nen Termin besorgt!“ Ihre Gedanken fuhren Karussell. Keine Blue Jeans Größe 40 mehr, kein Hawaii-Urlaub, fünf Kinder (und die Wohnung war jetzt schon zu klein), noch ein Kind mehr für den Hausunterricht … Lonnie sah das alles nicht; er sah nur, dass er noch einen Sohn oder eine Tochter bekommen würde.

Der dritte Monat kam, und mit ihm der Routinetermin beim Gynäkologen. Michele hatte keine große Lust, aber sie ging pflichtschuldigst hin. Diesmal, so hatte der Arzt ihr gesagt, würde sie die Herztöne des Kindes hören. Sie lag auf dem Tisch, die Bluse unter ihre Achseln hochgezogen, der Sonograph auf ihrem bereits dicker werdenden Bauch. Sie verzog das Gesicht. Was hatte sie gearbeitet, um ihre Bauchmuskulatur wieder fest zu bekommen nach ihrer letzten Schwangerschaft, und jetzt – schon wieder vorbei. Sie wartete auf das vertraute Geräusch und dachte darüber nach, wie oft sie dies hier schon gemacht hatte. Aber wo blieb es, das vertraute *Schump, Schump*? Der junge Arzt war immer noch dabei, mit dem Gerät auf ihrem Bauch herumzufahren. Da war das langsamere Geräusch ihres eigenen Herzens, aber sonst nichts. Der Arzt machte die Andeutung eines Stirnrunzelns.

Michele nahm es gelassen hin. Sie hatte schon mehrere Ultraschall-Untersuchungen gehabt, und alle hatten sie ergeben, dass das Kind normal und gesund war. Aber diesmal war es anders. Ihr Mann war dabei, gleich würde er zum ersten Mal eines seiner ungeborenen Kinder sehen. Der Arzt rollte das Gerät weiter über Micheles Bauch, während Michele den Bildschirm beobachtete. *Da ist es ja. Ja, es ist ein Junge. Okay, zwei Mädchen und drei Jungen. Aber warum ist der Arzt so still? Warum gibt er nicht seinen üblichen Kommentar: „Hier ist der Kopf, da haben wir das Herz"*? Sie merkte, wie sie unruhig wurde. Hier stimmte etwas nicht. Aber wie konnte das sein? Sie war doch gesund, lebte gesund, hatte lauter gesunde Kinder.

Der junge Arzt holte den älteren Kollegen; der kam und führte die Untersuchung fort. Jetzt war Michele und Lonnie klar, dass etwas nicht stimmte, obwohl sie auf dem Bildschirm nichts Besonderes sehen konnten. Als der Arzt fertig war, drehte er sich zu ihnen um und eröffnete ihnen, dass das Kind eine Nabelarterie zu wenig hatte. Als älterer, erfahrener Mann, der nicht viele Worte machte, sagte er ihnen kurz und knapp, womit sie im schlimmsten Fall zu rechnen hatten: „Ohne ausreichende Versorgung mit Blut kann das Kind eine Gaumenspalte bekommen, eine Hasenscharte, Harnwegsprobleme, geringeres Geburtsgewicht …" Und er nannte so ziemlich alle Geburtsfehler, die es gab.

Michele packte Lonnies Hand. Jetzt hatte sie ihr Kind gesehen. Es lebte, aber vielleicht litt es auch. Das Herz wollte ihr wehtun bei dem Gedanken. Was, wenn es nicht überlebte? Wäre sie dann daran schuld, weil sie das Kind nicht gewollt hatte? Wie könnte sie mit diesem Wissen leben? *Alle die anderen Kinder habe ich doch geliebt, dann kann ich doch auch dieses hier lieben*, dachte sie. *Wenn das Baby es schafft* … Mit einem Mal waren ihre Gewichtszunahme, das zu kleine Haus, der geplatzte Urlaub nicht mehr so wichtig.

Für den Rest ihrer Schwangerschaft achtete Michele strikt darauf, richtig zu essen und so viel auszuruhen wie möglich. Da sie in einer abgelegenen Gegend wohnten, flog sie alle paar Wochen zur nächstgelegenen Neugeborenenklinik, wo die Ärzte die Entwicklung des Babys sorgfältig kontrollierten. Der Schatten der Angst ging nie ganz weg, aber sie betete gegen ihn an. Sie betete für dieses Kind mehr, als sie für alle anderen gebetet hatte.

Levi wurde drei Wochen zu früh geboren. Er war klein, aber kerngesund. Er war kein pflegeleichtes Baby. Er schlief nicht gut, und den Großteil des Abends schrie er, weil er Koliken hatte. Wenn sie nachts mit ihm hin und her durch das kleine Zimmer ging und ihr die Augen fast zufielen, musste Michele an die Sorgen der Schwangerschaft zurückdenken. Warum war das alles so gekommen? Sie ist sicher, dass das Gebet einen Einfluss auf den Ausgang der Schwangerschaft hatte, und das vielleicht nicht nur für Levi, sondern auch für sie selber. Nein, es war kein totales Happy End, wie sie jetzt in ihren weiten Jeans mit dem Kind durch das Zimmer ging, aber besser, als sie befürchtet hatte. Heute denkt sie: *Vielleicht musste das wegen mir alles so kommen. Damit ich aufhörte, nur an mich selber zu denken und stattdessen an das Kind.*

Für Frauen, die schon Fehlgeburten hatten, und für ältere Schwangere ist der dritte Monat die Zeit des angehaltenen Atems. 90 Prozent aller Fehlgeburten ereignen sich in diesen Wochen. Für Frauen, die mit Unfruchtbarkeit kämpfen, und für die, die so gerne dieses Kind (vielleicht ihr erstes) hätten, kennen die Hoffnung und das Gebet nur ein Thema: *Gott, bitte gib, dass dieses Baby es schafft!* Für die anderen von uns ist die Sache komplizierter. Was tun in diesen Wochen des Wartens? Was sollen wir fühlen, was uns wünschen, um was beten? Sollen wir emotional in dieses Kind investieren, schon einmal Raum in unserem Leben schaffen für dieses Wesen, das vielleicht in einem halben Jahr in unseren Armen liegt? Oder wird es sich in nichts verklumpen und unseren Körper wie blutiges Zellgewebe verlassen? Und jedes Mal, wenn wir daran denken, dass wir das Kind vielleicht verlieren werden, nach jeder verstohlenen Hoffnungssekunde, dass das Baby es nicht schaffen wird, kommt sofort der Hammer der Schuldgefühle.

Ja, so sind sie, die ungeplanten Schwangerschaften: verwickelt, verwirrend. Aber dann kommen, wie Haltegriffe an einem Klettersteig im Gebirge, Augenblicke der Klarheit.

Pam kann ein Lied davon singen. Ihre Schwangerschaftsgeschichte kommt vom anderen Ende des Spektrums. Es ist die Erfahrung einer Frau, die einen zehn Jahre langen Kampf mit der Unfruchtbarkeit hinter sich hatte. Wie merkwürdig, dass ausgerechnet eine Frau, die sich so lange nach einem Kind gesehnt hatte, ihr Überraschungskind um ein Haar ablehnte. Aber Pams Geschichte wiederholt sich bei anderen Frauen, die ebenfalls diese Extreme kennen. Bei Pam kam der erste Augenblick der Klarheit, als sie den Herzschlag ihres Kindes hörte.

Pam und ihr Mann hatten jahrelang versucht, ein Kind zu bekommen, bis endlich Laura geboren wurde. Das war vor elf Jahren. Kurz danach versuchten sie es wieder. Laura sollte doch ein Geschwisterchen bekommen – welcher Wunsch konnte natürlicher sein? Aber es sollte nicht sein. Die Zeugung klappte schon, ein Schwangerschaftstest nach dem anderen war positiv – aber dann, meist noch vor dem dritten Monat, die Fehlgeburt. Zweimal schaffte Pam es bis zur ersten Ultraschall-Untersuchung und hörte das Herz ihres Kindes schlagen, aber ein, zwei Wochen später verlor sie es. Es war beide Male ein Junge gewesen. Nach sieben Jahren dieses Dramas fassten Pam und ihr Mann einen Entschluss: Sie ertrugen sie nicht, diese Achterbahn von Leben und Tod; sie würden es nicht mehr versuchen. Die Entscheidung brachte ihnen eine ganz neue, unerwartete Freiheit, ihr Leben zu leben.

Fast drei Jahre danach nahmen sie einen zehnjährigen Jungen als Pflegekind auf. Er wuchs ihnen bald ans Herz und sie versuchten, ihn zu adoptieren, doch das gelang nicht, und sie mussten ihn wieder hergeben. Pam fühlte sich wie nach einer weiteren Fehlgeburt. Warum verlor sie ihre Kinder immer wieder?

Kurz nach diesem Verlust wurde Pam wieder schwanger. Sie konnte es nicht glauben. Sie schrie zu Gott: „Herr, was willst du, das ich machen soll? Muss ich schon wieder durch das finstere Tal gehen?“ Sie sah keinen Grund zur Hoffnung; sie wusste ja schon, dass Gott ihr die nächste Fehlgeburt schicken konnte. Ihr Leben war so gut verlaufen seit der Entscheidung, mit dem Kinderkriegen Schluss zu machen, hatte neue Ziele und Pläne gebracht. Pam hatte vor, noch einmal die Schulbank zu drücken, sich in Web-Design und Grafik weiterzubilden und sich anschließend selbstständig zu machen. Sie wollte auch ihre zweite Leidenschaft, das Steppen, wieder aufnehmen. Sie war fertig mit Babys und den Einschränkungen für das Leben, die sie mit sich brachten. Ihr Leben war vollständig. Und jetzt *das* – warum?

Die Wochen vergingen, und es kam die erste Kontrolluntersuchung beim Arzt. Pam fühlte sich wie betäubt. Sie hatte keine Lust zu der Ultraschall-Untersuchung. Sie wusste doch aus bitterer Erfahrung, dass die schönsten Herztöne überhaupt nichts garantierten.

Laura war mit dabei bei der Untersuchung, obwohl Pam gemischte Gefühle hatte, ihre Tochter in so eine Geschichte mit tragischem Ausgang hineinzuziehen. Aber gut: Wenn das Baby es nicht schaffte, hätte Laura wenigstens ihr Geschwisterchen gesehen und wüsste, dass es einmal da gewesen war …

Die Ultraschalluntersuchung war ein Erlebnis. Sie sahen den Fötus – es war ein Mädchen – tanzen, springen und sich drehen, als ob er ein hyperaktiver Astronaut wäre. Pam, ihr Mann und Laura strahlten und lachten, und zum ersten Mal spürte Pam einen Hoffnungsfunken. Sie konnte sich entspannen und dachte: *Wenn wir dieses Kind nicht bekommen, haben wir es doch wenigstens gesehen, als es lebendig war.*

Pam traute der Schwangerschaft und ihrem Körper nicht. Sie kaufte keine Babysachen, sie kaufte gar nichts, bis Sarah geboren war. Aber aus dieser Schwangerschaft, die sie weder erwartet noch gewollt hatte, wurde eine Tochter, die sie freudig im Leben willkommen hieß. Und der erste Augenblick ihrer gemeinsamen Geschichte war dort im Untersuchungsraum des Arztes gewesen.

Was für Gefühle werden *Sie* haben, wenn Sie zum ersten Mal den Herzschlag Ihres Kindes hören? Meine eigenen drei Wochen zwischen meinen beiden Terminen verliefen wie in Zeitlupe, als ich mit Micah schwanger war. Und dann kam der Tag – der 18. Mai, ein Dienstag. Ich wusste, worum es bei diesem Termin ging: ob ich mein Leben zurückbekommen würde oder ob es sich völlig verändern würde. Wie es auch ausgehen würde, ich würde frei werden von der Folter, auf die die statistischen 50 Prozent mich spannten. Ich hatte mir das alles schon lange vor der kurzen Fahrt zum Arzt zurechtgelegt.

Duncan kam mit ins Untersuchungszimmer. Das Rascheln der sauberen Papierunterlage auf dem Untersuchungstisch, die plötzliche Kälte der Gleitsalbe auf meinem Bauch, die mich zusammenzucken ließ, das Warten, während das Gerät seine Runde machte, die Störgeräusche, der Schlag meines eigenen Herzens – langsam und leise – und dann, als das Gerät links unten ist, ein plötzliches *Schump, Schump.* Da war es – ein neues Leben! Meine Augen weiteten sich ungläubig, als ob dies das erste Mal wäre, dass ich das Herz eines anderen Wesens in meinem Körper schlagen hörte. Ich sah Duncan an, mein Gesicht eine Frage: *Hörst du das auch?* Zum ersten Mal seit dem Schwangerschaftstest kamen Muttergefühle in mir hoch. *Hör dir das an! So stark, so schnell, so zielstrebig. Wie ist es möglich, dass etwas so Perfektes, so Lebendiges einfach so entstanden ist, ohne uns um Erlaubnis zu fragen, ohne dass wir es wollten?* Aber da war es.

Pam, Michele, Theresa, ich und so viele andere Mütter werden ihn nie vergessen, diesen Augenblick: Ein winziges Wesen tief in uns drinnen, vielleicht fünf Zentimeter lang, hat einen Herzschlag, der den ganzen Raum füllt. Und mit einem Mal wird aus dieser ungewollten Schwangerschaft, dieser Komplikation, dieser Unterbrechung – ein Leben.

Die mittleren drei Monate

4. Platz machen

In diesem Monat wird der Rücken gerade, Hände und Füße sind deutlich ausgebildet. Das Kind kann seine Finger schließen. Mit der wachsenden Reife der Muskeln werden die Reflexe aktiver. Der Fötus beginnt sich zu bewegen und mit Armen und Beinen zu zappeln – Bewegungen, die die Mutter deutlich wahrnimmt.[8]

Schon vor meiner Geburt hat der Herr mich in seinen Dienst gerufen. Als ich noch im Mutterleib war, hat er meinen Namen genannt ... Er hat zu mir gesagt: „... du bist mein Bote. An dir will ich meine Herrlichkeit zeigen.“
(Jesaja 49,1.3)

Heute Abend bin ich zu einem Empfang geladen. Was soll ich anziehen? Ich bin noch nicht bereit, meine Schwangerschaft anzukündigen; also keine Umstandskleider, sondern Tarnkleidung. Ich will das Unvermeidliche, die gefühllosen, ja vielleicht grausamen Reaktionen meiner Bekannten hinausschieben, solange es geht. Selbst gute Freunde und Kolleginnen können einer Schwangeren die dümmsten Sachen sagen.

Als ich das letzte Mal jemandem aus der Universitätsverwaltung eröffnet hatte, dass ich schwanger war – mit leiser, verlegener Stimme –, hatte er mich mit offenem Mund angestarrt und dann gesagt: „Das ist Ihr – warten Sie, das Neunte oder das Zehnte?“ Und nach dieser Schwangerschaft trat an einer

Straßenecke eine Rechtsanwältin, die ich nur flüchtig kannte und die exakt *ein* Kind hatte, zu mir, klopfte mir auf den Bauch (der um einiges flacher war als ihrer) und sagte: „Was? Nicht schwanger? Immer, wenn ich Sie sehe, sind Sie schwanger!“ Worauf sie mir wie eine große Schwester den Arm um die Schultern legte und mir dramatisch flüsternd anbot, mir von Frau zu Frau die nötige Aufklärung zu geben.

Ihre Reaktion und ihre Worte sind von zahllosen anderen wiederholt worden, die (wie ich einmal annehmen möchte) allesamt weder dumm noch verletzend sein wollten. Aber noch bin ich nicht bereit für die nächste Runde dieses Theaters. Ich wollte mir jetzt erst mal passende Antworten zurechtlegen. Bei Michaela Schwarz klangen sie so. „Wenn Sarah mich nach dem Gottesdienst fragt: ‚Weißt du eigentlich, wie man schwanger wird?‘, antworte ich: ‚Nein, Sarah. Vielleicht kannst *du* mir erklären, wie die Samenzellen das schaffen, Löcher in die Kondome zu bohren.‘“

Nicht übel, das kann ich auch. Aber jetzt suche ich erst einmal weiter, wühle in den Kleidern und Röcken in meinem Kleiderschrank. Ich probiere den burgunderroten Blumenrock mit der elastischen Taille an – nein, zu eng. Wie wäre es mit der olivgrünen Stretch-Hose? Ich ziehe sie vor dem Spiegel an. Die beiden Reißverschluss-Seiten sind mehrere Fingerbreit auseinander. Ich seufze, drehe mich zur Seite und schaue mir mein Profil an. Nur vier Monate schwanger, und schon habe ich einen „Fußball“; er ist größer als bei den letzten Schwangerschaften. Was eigentlich auch zu erwarten war; wenn man älter wird, werden die Muskeln schlaffer. Trotzdem bin ich wütend auf mich selber. Wenn ich schon jetzt so viel zugenommen habe, wie soll das später werden? Die eine Hälfte meines

Gehirns weiß natürlich, dass dieser Bauch stinknormal ist und dass da drinnen ein Menschenwesen steckt, aber noch bin ich nicht wirklich bereit, meinen Körper von jemand anderem besetzen zu lassen.

Als Abraham geboren war, dauerte es ein ganzes Jahr, bis ich wieder einigermaßen in meine Jeans passte. Ein Jahr Stillen, Gymnastik, Diät. Ein Jahr Schwerarbeit, um so weit zu kommen, dass die Knöpfe sich wieder schließen ließen. Ich konnte mich kaum bewegen, so eng saß die Hose, aber egal – ich hatte sie an! Ich stand vor dem Spiegel wie ein reich beschenktes Kind vor dem Weihnachtsmann: Ich hatte meinen Körper wieder!

Jede meiner Schwangerschaften fühlte sich wie ein Sprung ins Ungewisse an. Wo würde ich landen? Würde ich mich anschließend noch wiedererkennen? Oder würde ich die Einzelteile meines Körpers mühsam auflesen, sie so gut wieder zusammensetzen, wie es ging, und mir sagen, dass das halt der Preis für das nächste Kind war? Als ich in diesen viel zu engen Jeans vor dem Spiegel stand, war ich sicher gewesen, dass ich es geschafft hatte. Wir würden keine Kinder mehr bekommen, ich hatte fünf Schwangerschaften überlebt und meinen alten Körper wieder – willkommen zu Hause, verlorener Sohn!

Meine nächste Schwangerschaft kündigte sich ganze vier Wochen nach diesem Glücksmoment vor dem Spiegel an. Ich schrieb damals in mein Tagebuch:

„Ich werde meinen Kleiderschrank verbrennen, das ganze Zeug, das mir gerade wieder gepasst hatte nach der letzten Schwangerschaft. Also wieder Leggings, Stretchhosen, Faltentops, Blusen, die eigentlich Segel sind … Werde ich das wieder überleben oder aufgehen wie ein Hefeteig und nie mehr meine Knochen wiederfinden, nie mehr klein und leicht über diese Erde gehen? Nein, diesmal werde ich NICHT zunehmen! Kein einziges Pfund! Ich werde nichts mehr essen, ich werde hungern. Nein, nicht noch einmal!"

Nein, ich bin nicht stolz auf diese Körperbesessenheit, auf diese Sklaverei der Konfektionsgrößen, die einem aus jedem Kleidungsstück entgegenschreien, ob man die Prüfung bestanden hat oder nicht, gerade so, als ob diese Zahlen uns definierten. *Bin ich wirklich so oberflächlich?*, frage ich mich. *Wo ist mein Glaube? Wo sind mein Verstand und mein Gehirn, wo ist all das, was ich vor so vielen Jahren schon gelernt habe? Dass die wahre Schönheit von innen kommt. Dass dieser Leib nur eine vorübergehende, trügerische Behausung ist. Dass diese Gewichtszunahme und diese Veränderung meiner Figur ein kleiner Preis dafür sind, einem anderen Wesen das Leben zu geben …* Aber ich bin nicht allein mit diesem Problem. In meinen Gesprächen mit anderen Frauen hörte ich das Gleiche:

„Bis zu der Schwangerschaft trug ich Größe 38. Ich habe mich gefragt, ob ich das je wieder tragen würde."

„Ich hatte gerade erst 20 Pfund abgenommen – alles für die Katz! Ich würde von vorne anfangen und die 20 Pfund das zweite Mal loswerden müssen."

„Ich war die überschüssigen Pfunde der letzten Schwangerschaft endlich losgeworden und hatte wieder meine Größe 40. Ich hatte so an mir gearbeitet, peinlich auf mein Gewicht geachtet, die Muskeln trainiert … und jetzt bin ich wieder schwanger!"

Die Schwangerschafts-Chatrooms im Internet sind voll von diesen Ängsten vieler Frauen, die mitten in ihrer Schwangerschaft stecken und ihr Gewicht vergleichen:

„Ich bin jetzt seit 15 Wochen schwanger und habe schon 12 Pfund zugenommen. Ist das zu viel?“

„Ich bin 13 Wochen schwanger und habe pausenlos Hunger. Ich habe schon acht Pfund zugenommen; mein Arzt sagt, das ist mehr als nötig. Ich komme mir schon richtig fett vor. Soll ich weniger essen?“

„Ich bin in der 25. Woche und habe 22 Pfund zugenommen. Ich komme mir wie ein Nilpferd vor! Gibt es jemanden, der auch so viel zugenommen hat?“

Jede schwangere Frau hat dieses Problem, aber für die Frauen, die unvorbereitet und ungeplant in die Schwangerschaft gestolpert sind, ist es oft ganz besonders schwer, mit diesen Veränderungen ihres Körpers fertig zu werden. Wir haben dabei manchmal ein Gefühl, als ob wir nicht mehr dieselbe Person wären. Ich weiß auch nicht genau, wie es kommt, dass unsere Konfektionsgröße so einen großen Einfluss auf das Bild hat, das wir uns von uns selber machen. Und seit Hollywood das Thema „Schwangerschaft“ entdeckt hat, ist die Messlatte noch höher gerutscht. Madonna, Gwyneth Paltrow, Julia Roberts und andere stellen in den Illustrierten und im Fernsehen ihre perfekten Schwangerenkörper zur Schau: Seht her, kein Pfund zu viel! Kaum ist das Kind geboren, tragen sie wieder ihre nabelfreien Blusen, der Bauch flach und sexy wie eh und je. Wer kommt da schon mit? Wir wissen natürlich, dass sie das nur schaffen, weil sie schier besessen von ihrem Aussehen sind und sich persönliche Fitnesstrainer und Diätköche leisten können, und doch …

Nicht alle Ängste um unseren Körper sind harmlose Ticks. Wenn die Schwangerschaft ungewollt ist, ist das Risiko für Mutter und Kind erhöht. Die Wahrscheinlichkeit ist relativ hoch, dass die Mutter nicht regelmäßig zum Arzt geht und mit Rauchen und Trinken nicht aufhört oder dass das Kind ein zu niedriges Geburtsgewicht hat.[9] Wie Jana mir erzählte: „Ich bin zum Arzt gegangen, aber meine Ernährung war mir ziemlich egal. Ich aß, was ich wollte – Hamburger, Plätzchen, was mir in die Finger kam. Ich war wütend auf Gott."

Ich studierte die Statistiken, ich hörte Jana und anderen zu, und ich wusste: Wenn das Kind Schaden nimmt, wäre das das Allerschlimmste. Wir wissen genau (auch wenn uns unsere Gefühle etwas anderes vorgaukeln), dass die Schwangerschaft nicht ewig dauern wird. Aber wenn wir während dieser neun Monate nicht aufpassen, wird das die Geburt nicht gerade leichter machen, und das Risiko steigt, dass dieses Kind gesundheitliche Probleme bekommt (vielleicht fürs ganze Leben). Welche Mutter möchte schon damit leben? Vor allem dann, wenn sie es durch eine vernünftige Lebensweise verhindern kann.

Kurz nachdem ich mit Micah schwanger geworden war, begrub ich mein fanatisches Gelübde, diesmal nicht zuzunehmen – und bald darauf den ganzen Rest der Zahlen-Jonglierei. Ich ging nicht mehr auf die Waage, und wenn ich beim Arzt gewogen wurde, durfte die Sprechstundenhilfe mir mein Gewicht nicht sagen. Bitte keine Zahlen mehr, die mir zeigten, ob ich dabei war, das Spiel zu gewinnen oder zu verlieren! Ich ernährte mich gesund (bis auf ein, zwei Eisbecher pro Woche), bewegte mich, so viel ich konnte, und ließ es damit bewenden.

Andere Schwangere sind zu dem gleichem Ergebnis gekommen. Lisa, die gerade zum siebten Mal schwanger ist, weiß aus Erfahrung, dass ihr schwerster Monat der vierte ist. „Dann ist meine Verunsicherung immer am größten. Bei meinen beiden ersten Schwangerschaften hatte ich einfach den Eindruck, immer dicker zu werden. Meine Kleider passten mir nicht mehr, aber die Umstandskleider waren noch zu groß – diese kitzlige Übergangsphase. Später, wenn ich dann wirklich schwanger aussehe, juckt mich das nicht mehr so. Ich habe nicht vor, zu schlemmen (jeden Tag Sahnetorte und so), aber hungern werde ich auch nicht. Ich versuche einfach, gesund zu essen und dafür zu sorgen, dass das Kind wachsen kann und gesund ist, und über mein Gewicht zerbreche ich mir später den Kopf. Wenn ich andere Frauen sehe, die schwanger sind – ich finde die nicht dick, sie sehen halt schwanger aus!"

Schwangere Frauen sind nicht selten sogar zufriedener mit ihrem Aussehen als Nichtschwangere. Wie Angela, die mit sechzehn schwanger wurde:

„Als ich einen Bauch bekam und das Kind zum ersten Mal strampeln spürte, dachte ich: ‚Wow!' Es war so toll, dass sich da was in mir bewegte – und dass ich dieses Wesen gemacht hatte! Ich mochte das Gefühl, wenn das Baby strampelte. Ich mochte die ganze Schwangerschaft. Mein Haar war viel gesünder und meine Haut sah echt gut aus. Ich mochte auch meinen Bauch – wie er sich anfühlte, wie er in den Kleidern aussah. Und wenn man schläft, kann man seinen Arm auf diesen großen Bauch legen, das ist echt praktisch. Das Kind war sehr groß und mein Bauch entsprechend auch. Alle beachten sie dich, alle wollen sie deinen Bauch berühren. Das war ein echt gutes Gefühl."[10]

Wir spüren es, wir wissen es: Sie hat ihre guten Seiten, so eine Schwangerschaft. Wir können essen, ohne jede Kalorie zu zählen. Wir können uns bequem kleiden, endlich frei von dem Wahn, dass wir wie ein Model aussehen müssen. Michaela machte einen Einkaufsbummel und gab, wie sie es ausdrückte, „ein Vermögen“ aus für neue Umstandskleidung, die ihr half, sich wohler in ihrer Haut zu fühlen.

Wir können uns auch bewegen und Ausgleichssport machen, was die „Glückshormone“ in unserem Gehirn ankurbelt und die Muskeln fit hält – und uns auf die Wehen und das, was danach kommt, vorbereitet.

Studien belegen, dass Frauen, die sich viel bewegen, zufriedener mit ihrem Körper und ihren Schwangerschaften sind. Katrina Neff ist ein gutes Beispiel dafür. In ihrer ersten Schwangerschaft nahm sie kräftig zu und bekam Wasser in den Beinen. Herz- und Kreislaufprobleme waren in ihrer Verwandtschaft nicht unbekannt, und Katrina bekam es mit der Angst zu tun. Deshalb fing sie an, Spaziergänge zu machen. Sie begann mit einer halben Stunde pro Tag, dann steigerte sie das auf eine Stunde, dann noch mehr, bis aus den Spaziergängen Wanderungen wurden. Bald kam sie auf den Steigungen nicht mehr aus der Puste, ihr Gewicht normalisierte sich, sie wurde kräftiger und schlief länger und tiefer. Katrina hatte ihre Leidenschaft entdeckt. Als sie wieder schwanger wurde, nahm sie sich eisern Zeit für ihre Spaziergänge. Heute, nach sechs Kindern, wiegt Katrina kein Kilo mehr als an ihrem Hochzeitstag.

Aber wie geht es *nach* der Schwangerschaft weiter? Die andere Hälfte unserer Ängste lautet ja: Werde ich, wenn das Kind dann glücklich da ist, mein altes Gewicht zurückbekommen? Gibt es ein Leben nach der Geburt? Die Antwort fällt, wie bei so vielen anderen Fragen im Leben, mal so, mal so aus. Manche Frauen, wie Katrina und Lisa, haben nach kurzer Zeit fast wieder die gleiche Figur wie vor der Schwangerschaft. Andere berichten, dass es ein, zwei, ja drei Jahre dauerte, bis die überschüssigen Pfunde den Rückzug antraten. Bei wieder anderen sind die Veränderungen durch die Schwangerschaft hartnäckiger.

Carol Nelson war 39, als ihr letztes Kind, Annie, geboren wurde. Annie war ihr Sechstes. Bei den anderen Kindern war Carol binnen vier, fünf Monaten alle ihre Schwangerschaftspfunde wieder los gewesen. Sie war so glücklich gewesen, als sie ihren „alten" Körper wiederbekam. Aber jetzt also diese Überraschungsschwangerschaft. Carol nahm in ihr nur 26 Pfund zu, aber nach der Geburt (einem geplanten Kaiserschnitt) wollte das Gewicht nicht heruntergehen. Sie erzählte:

„Als ich Annie bekommen hatte, wartete und wartete ich, dass mein Gewicht endlich wieder herunterging, aber nichts passierte. Ich trieb Sport, ich achtete auf meine Ernährung – nichts half. Das war mir so peinlich. Ich dachte: Wenn das so weitergeht, kannst du nie mehr einen Badeanzug tragen. Na ja, ein Model für Bademode bin ich sowieso nicht, aber ich mag es einfach nicht, vor dem Spiegel zu stehen und denken zu müssen: Was bist du fett! Jetzt ist Annie sieben, und ich muss immer noch mit 20 Pfund Übergewicht leben.

Aber andererseits weiß ich natürlich, dass das mit dem Gewicht nicht das Wichtigste im Leben ist. Wenn ich abnehme, macht mich das nicht zu einem besseren Menschen, auch nicht zu einer besseren Mutter oder einer besseren Christin. In den letzten Jahren erkenne ich immer mehr, dass das Allerwichtigste meine Beziehung zu Gott ist. Wenn ich ihn in den Mittelpunkt meines Lebens stelle, dann hilft er mir auch, die nötige Selbstdisziplin zu haben und mich nicht gehen zu lassen. Meine äußere Erscheinung ist nicht alles. Und ich bin nicht der Nabel der Welt!"

Auch ich selber habe hier meine Lektion gelernt. Drei Monate nach Micahs Geburt saß ich am Meer, an einem sonnendurchwärmten Strand, der von Badegästen wimmelte, und schaute mir die sonnengebräunten Körper an: feste Brüste und Pobacken, Waschbrettbauch-Muskeln, Wespentaillen, cremebraune, glatte Haut … Ich merkte, wie ich neidisch wurde auf all diese Körperteile, die so anders waren als meine eigenen. Ich trug immer noch 15 extra Pfund von meiner Schwangerschaft mit mir herum, und ich wusste: Erst in acht Monaten, wenn ich mit dem Stillen aufhörte, würde ich sie wieder loswerden. Oder auch nicht. Ich wollte gerade auf den großen Neid- und Selbstmitleidstrip gehen, als Micah zu quengeln begann. Ich zog ihn reflexmäßig an mich, öffnete meine Bluse und begann, mich genüsslich tiefer in den warmen Sand lehnend, ihn zu stillen. Und aus dieser neuen Perspektive – mit dem Kind an meiner Brust, die Beine angewinkelt – schaute ich mir erneut diese jungen Frauen am Strand an, und plötzlich fühlte ich mich stärker als sie, weiser, fähiger. Jawohl, sie hatten flache Bäuche und feste Brüste – aber mir konnten sie nicht das Wasser reichen. Aus *meinem* Bauch waren *Kinder* gekommen! Und meine Brüste sahen nicht nur gut aus, sie *funktionierten* auch: Sie machten einen Menschen satt!

Heute, nachdem alles vorbei ist, kann ich Ihnen vermelden, dass ich wieder in die Jeans passe, die ich schon in Gedanken als Trauerakt für meinen verlorenen Körper verbrannt hatte. Es *ist* möglich – vergessen Sie das nicht. Aber garantieren kann man es niemandem. Wenn die alte Figur nicht wiederkommt, müssen wir damit leben. Und immer gibt es Dinge, die uns für die Mühen entschädigen; manche sind so groß, dass man sie kaum messen oder beschreiben kann.

An einem Abend in der Weihnachtszeit besuchten wir wieder einmal meine Schwiegereltern. Abraham, der eineinhalb Jahre alt war, nahm seinen Stammplatz auf Opas Schoß ein, aber im Laufe des Abends kletterte er höher und schlief schließlich an seiner Brust ein. Der Opa hatte mit seinen 86 Jahren mehrere Schlaganfälle, einen Herzinfarkt und Krebs hinter sich. Mehr als einmal hatte sein Arzt geraten, der Natur ihren Lauf zu lassen, und jedes Mal hatte mein Schwiegervater uns gezeigt, was eine Harke war, und sich wieder erholt. Wenn wir ihn im Krankenhaus besuchten, war es immer das Gesicht des kleinen Abraham gewesen, das seine Augen am hellsten aufleuchten ließ. Und jetzt lag Abraham also an der Brust seines Opas, den Kopf an seinem Hals, und atmete sachte durch den offenen Mund. Und sein Opa selber war auch fast eingeschlafen; seine steife rechte Hand hielt den Jungen, seine eigenen Lippen blähten sich mit jedem Atemzug.

Ich schaute den beiden Schläfern zu und musste daran denken, dass die Ärzte den einen schon mehrere Male aufgegeben hatten und dass der andere, wenn es nach den Menschen und ihren Plänen gegangen wäre, gar nicht erst ins Leben gekommen wäre. Wer sind wir, dass wir darüber entscheiden wollen, wer leben darf und wer sterben muss? Und die Zahl auf dem Etikett in meinen Jeans – jawohl, es war eine größere Konfektionsgröße als früher, und das lag an diesem schlafenden Kind, aber war das denn so wichtig? Dass unser Körper und unser Leben weiter wird, damit ein neuer Mensch wachsen kann – das gehört zum Preis des Lebens. Vor etlichen Jahren war ich das neue Menschlein, das „drinnen" war und den Körper meiner Mutter dehnte. Unsere Mütter haben Platz gemacht für uns, und so machen auch wir Platz für unsere Kinder.

5. Blicke nach innen

Gegen Ende des fünften Monats sind die Bewegungen des jetzt 20 bis 25 Zentimeter langen Fötus so stark geworden, dass die Mutter sie spürt. Sein Körper ist von einem weichen Lanugoflaum bedeckt, das Haupthaar beginnt zu wachsen, Augenbrauen und Augenlider erscheinen. Die Haut wird durch einen „Fruchtschmiere" genannten Belag geschützt.[11]

Schon als ich im Verborgenen Gestalt annahm, unsichtbar noch, kunstvoll gebildet im Leib meiner Mutter, da war ich dir dennoch nicht verborgen. Als ich gerade erst entstand, hast du mich schon gesehen. Alle Tage meines Lebens hast du in dein Buch geschrieben – noch bevor einer von ihnen begann! (Psalm 139,15-16)

Der fünfte Monat. Meine Garderobe besteht nur noch aus Stretch und Falten. Ich habe es aufgegeben, meinen Bauch verstecken zu wollen; jeder, der mich sieht, weiß Bescheid. Doch jetzt, wo mein Bauch so sichtbar wird, habe ich auch zum ersten Mal die Gelegenheit, hineinzuschauen und ihm etwas von dem Geheimnis, das da in ihm heranwächst, zu entlocken. Viele Ärzte raten Schwangeren, die über 35 sind, grundsätzlich zu einer Fruchtwasseruntersuchung, weil etwa ab diesem Alter die Missbildungsrate nach oben geht, und meistens nimmt man die Fruchtwasseruntersuchung im fünften Monat vor. Der Eingriff ist einfach, erfordert jedoch Vorsicht. Auch gibt es das Risiko einer Fehlgeburt. Der Arzt führt eine Nadel in den Bauch der Schwangeren ein und entnimmt (was meist schmerzfrei vonstatten geht) eine Probe des Fruchtwassers. Der Ultraschallbildschirm ermöglicht ihm dabei, genau zu sehen, was er macht. Das Fruchtwasser enthält winzige Partikel der DNS des Fötus – genügend, um sein Geschlecht sowie solche Abweichungen wie Down-Syndrom oder schwere Krankheiten wie Mukoviszidose u. a. festzustellen.

Als ich mit 37 Jahren mit meinem vierten Kind schwanger war und mir mein Arzt zu diesem Test und noch mehreren anderen riet, lehnte ich dankend ab. Ich war fit und gesund, ernährte mich richtig und hatte wenig Risikofaktoren. Ich hatte keine Angst vor Missbildungen, das Geschlecht war mir egal, und so hoffte und vertraute ich einfach auf das Beste. Doch bei meinen letzten beiden Schwangerschaften ließ ich eine Fruchtwasseruntersuchung machen. Das statistische Missbildungsrisiko in meinem „fortgeschrittenen Mutterschaftsalter" war beängstigend hoch, ja die Tabelle endete mit meinem Alter, 45. Nach mir kam sozusagen nichts mehr. Ich verspürte das dringende Bedürfnis, so viel über mein neues Kind zu erfahren wie nur möglich: Gesundheit, Größe, Anzahl der Zehen, Zustand des Herzens, Nagelbeißer oder Daumenlutscher, Mädchen oder Junge … Was auch die Ergebnisse wären, ich wüsste wenigstens Bescheid und hätte Zeit, mich vorzubereiten. Mein Bedarf an Überraschungen war gedeckt.

Alle in diesem Buch erwähnten Frauen, die eine Ultraschalluntersuchung oder eine Fruchtwasseruntersuchung machen ließen, kamen als veränderte Frauen von ihrem Arzttermin zurück. Vor ihm wussten wir fast nichts über das Kind in uns – jetzt wussten wir einiges. Manchmal machte dieses neue Wissen die Last leichter, manchmal nicht. Manche Frauen stehen dann vor der Situation, dass sie über Leben oder Tod ihres Kindes entscheiden sollen, weil eine schwere Krankheit oder Behinderung diagnostiziert wird.

Shoshana wollte nicht in so eine Lage kommen. Ihre erste Ultraschalluntersuchung während der ersten Schwangerschaft zeigte ein kleines Mädchen mit einer verdickten Nackenfalte – ein möglich Zeichen für das Down-Syndrom. Und als ob dies noch nicht genug war, bestätigte eine spätere Ultraschalluntersuchung, was der Arzt bereits befürchtet hatte: die Hälfte der Plazenta hatte sich von der Gebärmutterwand abgelöst. Die Ärzte nahmen kein Blatt vor den Mund: Wenn Sie nicht abtreiben, kriegen Sie ein Kind, das sein ganzes Leben behindert sein wird ... Doch Shoshana wollte nichts von Abtreibung wissen. Sie verweigerte auch die Fruchtwasseruntersuchung. „Ich sagte denen, dass ich halt den Glauben brauchte, dass alles gut werden würde.“ Und siehe da, als ihr Mädchen geboren wurde, war es völlig gesund.

Aber die Geschichte geht noch weiter. Shoshana und Jon fanden, dass sie mit nunmehr drei Mädchen – ihrem Baby sowie zwei Töchtern aus einer früheren Ehe, von denen die Älteste spastisch gelähmt war – genügend Kinder hatten. Jon hatte sich zwar immer einen Sohn gewünscht, aber jetzt diese Risikoschwangerschaft und dann all der Stress und die vielen Notarztanrufe, die das Leben mit ihrer Ältesten mit sich brachten – nein, noch ein Kind, es wäre nicht gut für den Rest der Familie, so viel Kraft hatten sie nicht. Als das Jüngste fast drei war, ließen sie sich einen Termin für eine Sterilisierung geben; sobald Jon von seiner Fortbildung als Reservist in der Nationalgarde zurück war, würde er den Eingriff machen lassen.

Und dann, während er fort war, entdeckte Shoshana, dass sie wieder schwanger war.

„Ich sah, dass der Test positiv war, und dachte: *Das darf nicht wahr sein!* Mein Mann würde in einer Woche wieder zu Hause sein. Eine ganze Woche, in der ich auf ihn wütend werden konnte, weil er die Sterilisierung noch nicht hatte machen lassen. Wenn man sich für die Sterilisation entscheidet – und gute Gründe dafür hat – und dann passiert so etwas, wird man wütend und versteht die Welt nicht mehr. *Gott, warum lässt du unsere Entscheidung nicht gelten?*"

Shoshana hatte gute Gründe, sich so aufzuregen. Ihr Jüngstes hatte in den Fluren des Krankenhauses laufen gelernt, wenn seine älteste Schwester wieder einmal behandelt werden musste. Noch einmal ein Kind unter solchen Bedingungen aufziehen, nein, sie wollte es nicht. Und sie war sicher, dass dieses neue Kind wieder ein Mädchen würde, „das nächste Hormonbündel". Jon glaubte das auch. Die Aussicht auf noch ein weibliches Wesen in ihrem Haus riss die beiden nicht zu Begeisterungsstürmen hin.

Angesichts der Komplikationen in der letzten Schwangerschaft schlugen die Ärzte für den fünften Monat eine zweite Ultraschalluntersuchung vor, für alle Fälle. Shoshana war damit einverstanden, aber weitere Tests – Fruchtwasseruntersuchung und Bluttests – lehnte sie ab. Sie wollte nicht noch einmal von Test zu Test stolpern und sich die nächsten Sorgen machen. Als sie auf dem Untersuchungstisch lag, um sie herum ihre drei Mädchen, entdeckte der Arzt den berühmten Körperteil, einen Penis! „Es ist ein Junge!", verkündete er, den Blick auf den Bildschirm geheftet. Die Mädchen lachten aufgeregt, und Shoshana spürte, wie eine Last von ihr abfiel. Ein

Junge! Genau das, was sie sich so lange gewünscht hatten! Vor lauter Freude richtete sie sich halb auf und drückte dem lächelnden Arzt die Hand. Sie konnte es nicht erwarten, Jon die Neuigkeit zu erzählen. Der Rest der Schwangerschaft verging wie im Flug; jetzt freuten Shoshana und Jon sich auf den neuen Erdenbürger.

Trisha war von Jungen umzingelt. Sie hatte vier; der Älteste war gerade dabei, sein Abitur zu machen, der Jüngste würde demnächst eingeschult werden. Und wenn die Jungen zu Hause waren, kamen natürlich auch ihre Freunde. Dazu war Trisha, um die Familienkasse aufzubessern, auch noch Tagesmutter für mehrere fremde Kinder, die meisten ebenfalls Jungen. Den ganzen Tag war das Haus voll von Kindern; sie riefen und lachten, rannten durch die Flure, übten Trampolinspringen auf den Betten. Trisha wusste, wie wichtig es war, dass ihre Jungen ihre Energie abließen, aber so viel männliche Hormone im Haus waren manchmal echt anstrengend.

Und das war noch nicht alles. Chris, ihr Zweitältester, hatte ein Herzproblem bekommen, sie konnte ihn deshalb oft nicht aus dem Haus lassen. Und der Jüngste, der ein Frühchen gewesen war, hatte Trisha und Steve mit seiner Gesundheit ebenfalls viele Sorgen gemacht.

Sie hatten sich schon lange ein Mädchen gewünscht, aber jetzt, wo Trisha wieder schwanger war, spürten sie vor allem Angst. Was, wenn auch dieses Kind krank würde? Ihr Haus war mehr als voll, ihre Familie war komplett. Sie schauten in die Zukunft, mit dem Gedanken an weiteren Nachwuchs hatten sie vor Jahren schon abgeschlossen. Und wenn noch einer kam, konnte es ja nur ein Junge sein. Fünf Jungen! Die bloße Vorstellung ließ Trishas Knie schwach werden.

Als der Schwangerschaftstest positiv war, wollte Trisha es mehrere Wochen lang nicht glauben. Wie so viele von uns war sie von Wut, Trauer und Angst überwältigt. Sie liebte ihre Jungen sehr, aber der Gedanke, bald noch einen Akteur mehr in dem täglichen Tohuwabohu zu haben, war zu viel für sie.

Steve versuchte sie zu beruhigen; sein Vaterinstinkt sagte ihm, dass es ein Mädchen werden würde. Trisha wagte schier nicht zu hoffen, dass er recht hatte, aber dann kamen die Ultraschalluntersuchung und die Fruchtwasseruntersuchung, und siehe da, es war ein Mädchen.

„Als sie mir sagten, dass es ein Mädchen war, fing ich zu weinen an und konnte gar nicht mehr aufhören. Ich hatte noch keine Sachen für das Baby gekauft, ich wollte erst ganz sicher sein, aber jetzt marschierte ich los und stürmte die Geschäfte. Es war wie ein Traum. Es machte den Rest der Schwangerschaft so viel leichter."

Das Geschlecht des neuen Kindes zu wissen – es macht oft alles anders.

Meine erste Ultraschalluntersuchung, während meiner ersten Überraschungsschwangerschaft, bestätigte, was ich mir bereits gesagt hatte – jawohl, noch ein Junge. Ich nickte langsam, als die junge Ärztin mir sagte, was sie da sah. Ich war erleichtert, dass ich jetzt Gewissheit hatte. Ich hatte keine Lust gehabt, mir neun Monate lang ein süßes rosa Traumtochter-Bündel auszumalen, nur um dann nach der Entbindung ein ganz anderes Wesen in die Arme geschoben zu bekommen.

Gut, das ist erledigt. Was gibt es sonst Neues? Ist das Kind gesund? Stimmen die Proportionen? Was hat sich da drinnen getan in den letzten fünf Monaten, während ich hier draußen, auf der anderen Seite meiner Haut, mit tausend anderen Sachen beschäftigt war? Ich schaute angespannt zu, wie das Gerät um meinen Bauch herumwanderte. Aha, da war der Kleine. Ich schaute ihm zu, wie er seine Purzelbäume schlug, Wasser trat, uns seinen winzigen Po zeigte, dann zur Seite schoss. Ich staunte, als ob dies meine erste Schwangerschaft wäre. So ein quicklebendiges Wesen. Fast war es mir peinlich, dass ich das erst jetzt sah.

Bei meinen anderen Schwangerschaften war es anders gewesen. Da hatte ich von Woche zu Woche die Kalender in den Schwangerschaftsratgebern studiert, als ginge es um Leben oder Tod meines Kindes. *Diese Woche bilden sich die Fingernägel und die Augenlider … In dieser Woche fangen manche Babys schon mit dem Daumenlutschen an … In dieser Woche bildet sich um den ganzen Körper ein weicher Flaum, die Lanugo-Haare …* Ich hatte den Werdegang jedes Kindes fast von der Befruchtung bis zur Geburt mitverfolgt, in der Überzeugung, dass Wissen Mitmachen bedeutete, Jasagen, Teilnehmen an der Erschaffung dieser kleinen Person. Dieses Mal hatte ich mir das geschenkt – und jetzt sah ich also mein Kind, so lebendig und perfekt, wie ein Kind nur sein konnte. Ich konnte es ablehnen, und ich konnte erkennen, wie viel größer als ich das war, was hier vor sich ging.

Bei meiner zweiten Ultraschalluntersuchung während meiner zweiten Überraschungsschwangerschaft war es schwerer. Es war Juli, und auf dem ganzen Weg von unserer kleinen Insel vor Alaska zu der Klinik (mit dem Flugzeug, einmal umsteigen) war ich still. Bald wüsste ich es also, das letzte Puzzlestück. Nach einem Mädchen und vier Jungen hintereinander hatte ich das Gefühl, dass es dieses letzte Mal aber ein Mädchen sein würde, dass dieses Überraschungsgeschenk eine rosa Schleife hätte. Wie Trisha war ich eine große Jungen-Expertin, mein Haus und mein Leben waren voll von Jungen in allen Größen und Ausführungen. Aber vielleicht gäbe es diesmal – wie bei Trisha und Shoshana – etwas Neues. Wäre es nicht toll, wenn Gott unsere Familie mit einem Mädchen abrunden würde? Das wäre doch eine schöne Belohnung für die Mühen dieser Spätschwangerschaft …

Duncan sah das auch so. Er liebte seine eine Tochter so sehr, dass er mich, nachdem unsere ersten vier Kinder geboren und unsere Familie (wie wir meinten) komplett war, jahrelang mit dem Spruch aufgezogen hatte: „Wenn du wüsstest, dass das Nächste ein Mädchen wäre, würdest du doch noch eins haben wollen, oder?“ Worauf ich jedes Mal fast Lust hatte, „Ja“ zu antworten und drauf und dran war, mich zu ergeben. Aber dann antwortete ich doch jedes Mal: „Ich garantier’ dir: Wenn wir noch eins kriegen, wird es wieder ein Junge.“

An das alles musste ich denken, als ich auf dem Untersuchungstisch lag und unter mir das weiße Papier raschelte, während ich die bequemste Stellung suchte. Ich hoffte, als falsche Prophetin entlarvt zu werden. Gleich war es so weit. Ich schaute zu dem Monitor hoch, der unter der Decke hing, wie ein Fernseher in einem Krankenhauszimmer. Die junge Ärztin quetschte das kalte Gleitmittel aus der Tube auf meinen Bauch, der Sonograf trat in Aktion und der Bildschirm über mir wurde lebendig. Ich war ganz Auge, ich *musste* sehen, wer da mit einer solchen Entschlossenheit in meine Welt eingedrungen war. Da war der Kopf, ja, dort die Arme, die Füße, die so perfekt wassertreten konnten. Und dann … „Oh, ich kann einen kleinen Pimmel sehen", sagte die Ärztin mit fröhlich-herablassender Stimme. Ich folgte ihren Augen, kniff die meinen zusammen. Doch, da war das Ding. Die Untersuchung ging weiter, die Ärztin zählte begeistert jeden Körperteil und jede Bewegung auf, aber ich schaute nicht mehr hin. Ich wollte am liebsten aufstehen, mich in ein Mauseloch verkriechen, wo ich diesen letzten Wunsch, diese meine Vorstellung, wer und was dieses Kind zu sein hatte, loslassen konnte. Was hatte ich nicht alles schon loslassen müssen in den letzten Wochen! Würde überhaupt etwas übrigbleiben von meinem Leben?

Was für eine Selbstmitleids-Orgie ich da feierte, merkte ich erst ein paar Tage später, als ich erfuhr, dass an eben dem Tag, an dem ich meinen nächsten Sohn gesehen und sein Kommen beklagt hatte, meine lieben Freunde Craig und Lisa ihren Sohn, Peter, durch plötzlichen Kindstod verloren hatten. Sechs Monate alt war Peter gewesen – fast die gleiche Zahl von Wochen, die mein Kind in meinem Bauch war.

Bei der Beerdigung war die Kirche voll. Ich saß da, meine Hände auf meinem Bauch, über dem Kind, das ich in mir trug, und weinte um das Kind, das meine Freunde verloren hatten. Angesichts dieses tragischen Todes wusste ich so deutlich, wie ein Mensch dies wissen kann, dass eine Geburt, dass das Kommen neuen Lebens *kein* Tod ist. Es mag sich manchmal so anfühlen, mit seinem Aufgeben von Träumen und Plänen, seiner Strapazierung der grundlegendsten Bedürfnisse wie Essen, Schlafen und Ausruhen, aber nein, es ist *kein* Sterben.

Auch dann nicht, wenn das Kind ungewollt oder behindert ist. Ich erkannte: Ich war eine der Glücklichen; ich hatte eine Wiege im Kinderzimmer und nicht einen Kindersarg auf dem Friedhof. Jede der Frauen in diesem Buch hat den Auftrag bekommen, ein neues Leben hervorzubringen, zu lieben, aufzuziehen. Ob Junge oder Mädchen, gesund oder nicht so gesund, ist das wirklich so wichtig? Dies ist kein Tod, dies ist Leben!

Ich bete zu Gott, dass ich dies nie vergesse.

6. Noch einmal von vorne, bitte!

Der Fötus wiegt jetzt etwa 650 Gramm und ist ungefähr 30 Zentimeter lang. Die Haut ist rot und runzlig ... Ihr Kind füllt jetzt praktisch den gesamten in der Gebärmutter zur Verfügung stehenden Platz aus ... Wenn Sie mit ihm sprechen, schlägt sein Herz schneller; nach der Geburt erkennt es Ihre Stimme wieder.[12]

In dieser Zeit fragten die Jünger Jesus: „Wer ist wohl der Wichtigste in Gottes neuer Welt?" Jesus rief ein kleines Kind, stellte es in die Mitte und sprach: „Das will ich euch sagen: Wenn ihr euch nicht ändert und so werdet wie die Kinder, kommt ihr nie in Gottes neue Welt. Wer aber so klein und demütig sein kann wie ein Kind, der ist der Größte in Gottes neuer Welt." (Matthäus 18,1-4)

Der letzte Monat des zweiten Teils der Schwangerschaft. Jetzt haben wir über die Hälfte geschafft.

Als mein viertes Kind geboren war, hatte ich den Eindruck, dass es jetzt reichte. Vier Kinder unter sieben Jahren – unser Haus war voll, unsere Familie komplett. Elisha war sozusagen die Schleife auf unserem Familiengeschenkpaket. Als er zwei wurde und in unserer Kirche sonntagvormittags aus der Krabbelstube in die Gruppe der Zwei- bis Dreijährigen am anderen Ende des Flures umzog, verspürte ich eine stille Befriedigung: keine Babys mehr, keine Krabbelstuben mehr. Es fühlte sich wie eine Beförderung an. So quirlig-chaotisch es bei uns zu Hause auch war, ich wusste: Es ging vorwärts. Vielleicht noch sechs Monate Pampers, dann schon der Kindergarten … Ich konnte mir den Fortschritt an den Fingern abzählen. Jedes Mal, wenn ich am Sonntag an der Tür der Krabbelgruppe vorbeiging, spürte ich es wieder – diese Erleichterung, die Freude darüber, die Quengelwelt des Kleinkindes jetzt für immer hinter mir zu haben. Jetzt konnte auch ich groß werden, konnte zusammen mit meinen Kindern die Leiter nach oben steigen!

Drei Jahre später. Meine Älteste war zwölf und beendete gerade ihr siebtes Schuljahr, Elisha war fünf und in seinem letzten Kindergartenjahr. Nur noch ein paar Monate, und alle unsere vier Kinder würden zur Schule gehen! Nur noch ein paar Monate, und zwölf Jahre des Jonglierens mit Kindermädchen und Babysittern wären vorbei. Ich fand, dass sie keine Minute zu früh vorbei waren. Ich war ja schon 42 und im besten Mittelalter, ich hatte meine Beförderung mehr als verdient. Und mein Mann auch. Wir waren wie zwei Bergwanderer, die den steilen Anstieg hinter sich hatten und jetzt die liebliche Welt der Almwiesen betraten.

Und dann … ein jäher Stopp. Bitte das Ganze noch einmal von vorn. Wieder Schwangerschaftserbrechen, wieder diese Müdigkeit, die schlaflosen Nächte. Und bald wäre mein Körper wieder ein Milchautomat, würde ich wieder Pampers wechseln. Wieder zwei Jahre umgekippte Abfalleimer, Zucker auf dem Tisch, Müsli auf dem Fußboden, Spucke und Erbrochenes auf meiner Schulter. Zwei Jahre. Zurück ins Tal, zum Fuß des Berges. Der ganze schweißtreibende Aufstieg für die Katz …

Die meisten Frauen in diesem Buch heulten erst einmal, als sie entdeckten, dass sie schwanger waren, und viele von uns heulten deshalb, weil sie geglaubt hatten, das alles hinter sich und geschafft zu haben – die Freuden und die Mühen, das Schrumpfen der Privatsphäre, das Zappeln und Strampeln auf unseren Armen, Grimms Märchen, Kindergeburtstage, Kinderlieder beim Pamperswechseln, „Die Affen rasen durch den Wald“ im Auto, die tausend kleinen Augenblicke, die wir mit Worten und Liedern und Lernen gefüllt hatten.

Es hat sich gelohnt, unsere Kinder sind groß geworden, gesund, lebendig, lebhaft, aktiv, freundlich. Und wir richten uns auf und wischen uns den Schweiß aus dem Gesicht, halb ungläubig staunend, was aus unseren Kindern geworden ist, was unsere so kleinen, zerbrechlichen Bemühungen da Großes zuwege gebracht haben. Wir freuen uns, dass wir es geschafft haben, und wissen selber nicht, wie. Wo haben wir die Kraft hergenommen? Im Supermarkt sehen wir die gestressten jungen Mütter, hören, wie ihr Baby schreit, bekommen mit, wie die Geschwister, von denen eins im Einkaufswagen sitzt, sich heftig streiten. Wir sehen es, und wir lächeln, halb mitleidig, halb erleichtert: *Ja, das kenn' ich gut, arme Frau. Gut, dass das vorbei ist …* Und wenn wir ganz ehrlich sind, ist unser Lächeln auch ein klein wenig spöttisch. *Wir* haben es geschafft, *wir* sind größer geworden als diese Armen, *wir* müssen uns nicht mehr halb bis zum Fußboden beugen, um unser Kind an der Hand zu nehmen. Wir können aufrecht durch die Welt gehen.

Und dann packt uns eine unsichtbare Hand, hält uns fest und schleppt uns zurück an den Anfang. Wir haben nicht deswegen geheult (die einen ein paar Tage, die anderen wochenlang), weil wir so schlechte Mütter wären, sondern weil wir gute Mütter sind, die genau wissen, was es alles braucht, um noch einmal eine gute Mutter zu sein.

Anna war 43 und ihr Mann 52, als „es“ passierte. Ihre Tochter stand kurz vor ihrem Abitur, ihr Sohn war elf. Wie die anderen Frauen in diesem Buch hatte Anna Angst vor dieser neuen Schwangerschaft – vor all dem, was sie würde aufgeben müssen, vor all dem, was sie von Neuem anfangen müsste. Die Schwangerschaft allein war schon eine Riesenhürde. Ihre ersten beiden Schwangerschaften hatten Anna fast ans Bett gefesselt – und jetzt noch ein Kind! Jawohl, auch in dieser dritten Schwangerschaft war ihr fast ständig speiübel. Sie musste sich zum Essen zwingen und durfte sich nie zu weit von der Toilette entfernen. Sie konnte nicht mehr kochen, die einfachsten Dinge waren Schwerarbeit.

Teresa Carlson hatte ihre beiden Mädchen mitten in New York aufgezogen, die meiste Zeit als alleinerziehende Mutter. Sie hatte sie auf den überfüllten Bürgersteigen getragen, hatte die Mühen des Alleinerziehens in dieser anonymen Stadt mitgemacht. Es war Schwerarbeit gewesen, aber sie war jung (erst in den Zwanzigern), und sie wusste: *Wenn ich erst mal vierzig bin, hab ich's geschafft* … Aber sie hatte es nicht geschafft. Fünfzehn Jahre später, frisch mit ihrem neuen Mann verheiratet, war sie wieder schwanger. Aus der Traum vom Umzug in eine wärmere Gegend, wo ihren Mann seine Arthritis nicht so quälen würde. Kein Rentnerparadies, dafür ein neues Kind zu Hause. Die alten Fesseln – sie waren abrupt wieder da.

Crystal Thomas hatte keine Lust, noch einmal anzufangen, auch wenn ihre anderen beiden Mädchen noch relativ klein waren; das ältere war neun Jahre, das jüngere fünf. Sie berichtet: „Ich hatte Angst. Die beiden Mädchen konnten es so gut miteinander. Was würden sie machen, wenn jetzt auf einmal ein Baby kam? Wir waren als Familie komplett.“ So komplett, dass ihr Mann sich hatte sterilisieren lassen. Das war im März. Im April entdeckte Crystal, dass sie schwanger war. „Ich hatte echt Schuldgefühle, dass ich mich auf dieses Kind nicht freuen konnte. Ich hatte ein schönes Haus, einen Job als Lehrerin und eine Familie, und es reizte mich überhaupt nicht, wieder dick zu werden und ständig Babysachen zu waschen. Was war ich froh gewesen, als Sadie anfing, zur Toilette zu gehen – endlich keine Pampers mehr! Während der ganzen Schwangerschaft dachte ich nur an die schlaflosen Nächte, die mir jetzt bald wieder blühten, und den Stress des Stillens. Ich freute mich überhaupt nicht auf das Stillen, es kam mir wie ein Riesenschritt zurück vor."

Ja, so fing bei den meisten von uns die Schwangerschaft an, und so blieb sie bei einigen. Aber ich darf meinen Leserinnen vermelden, dass die Berichte vom anderen Ufer ermutigend sind. Wie die anderen Frauen in diesem Buch entdeckte auch ich, dass manche meiner Ängste unbegründet gewesen waren. Wenn man nach längerer (oder sogar kürzerer) Zeit wieder schwanger wird und ein Kind großziehen muss, ist das oft *nicht* dasselbe wie beim letzten Mal. Sie glauben genau zu wissen, was Ihnen bevorsteht, aber es kann gut sein, dass manches ganz anders kommt, auch wenn Sie sich das jetzt noch nicht vorstellen können.

Die Geschichten, die die Frauen in diesem Buch von der Zeit *nach* der Geburt ihrer Überraschungskinder erzählen, mögen sich beim ersten Lesen wie Märchen anhören. Ich weiß, ich weiß, Sie sind noch nicht so weit. Aber hören Sie zu, was diese Frauen Ihnen berichten. Sie haben es wirklich so erlebt – und wer weiß, vielleicht wird es Ihnen auch so gehen …

Für Anna bedeutete die Geburt ihrer Tochter das Ende der Dauerübelkeit, die sie ihre ganze Schwangerschaft hindurch praktisch ans Haus gefesselt hatte. Sie war wie von der Kette losgelassen. Diese Freiheit … Sie konnte sich wieder bewegen, wieder mit Genuss essen, hatte Kraft, für ihre Kleine zu sorgen. Ihre Stimme war so gelassen, als sie mich anrief. „Diesmal bin ich eine bessere Mutter. Ich weiß jetzt, was wichtig ist und was nicht. Ich springe nicht mehr alle fünf Minuten durchs Haus, um irgendwo was zu putzen, wie bei meinen ersten beiden. Dies ist mein letztes Kind, ich genieße dieses Mädchen richtig und weiß: Etwas Wichtigeres kann ich nicht tun."

Wenn Crystal mir von ihrer Gracie erzählt, die jetzt 17 Monate alt ist, hält sie sich nicht mit den schlaflosen Nächten und den umgekippten Zuckerdosen im Küchenschrank auf oder mit dem Stress einer berufstätigen Mutter, sondern sie berichtet, wie sie sich verändert hat und wie die Kleine das Leben in ihrer Familie bereichert und stabilisiert hat. „Ich mache mich nicht mehr so verrückt wie bei den ersten beiden. Wenn der Schnuller auf den Fußboden fällt, renne ich nicht ins Bad, um ihn abzuwaschen. Gracie ist ein wichtiges Glied unserer Familie und macht uns viel Freude, aber es dreht sich nicht alles um sie. Diesmal habe ich eine ganz andere Perspektive. Ich hatte ganz vergessen, wie lustig es ist, wenn die Kleinen anfangen, die Welt zu entdecken. Als ich schwanger war, habe ich nicht an diese Dinge gedacht, sondern es zugelassen, dass mir meine Angst die ganze Freude, die ich hätte haben können, wegnahm. Ich malte mir all die schweren Dinge aus und vergaß die schönen: Wie wunderbar ist es, wenn ich meinem Kind beim

Spielen zuschaue oder bei seinen ersten Gehversuchen oder wie es mit seinen älteren Geschwistern durch das Haus tollt!“

Zehn Monate nach der Geburt von Christian stellte Teresa fest, dass das Aufziehen des neuen Sprösslings so ganz anders war, als sie sich das vorgestellt hatte. „Ich mache diesmal vieles ganz anders. Wir sind in eine ländliche Gegend umgezogen, wo die Nachbarn einander echt helfen. Ich bin älter und habe mehr Geduld als bei meinen beiden Ersten. Wir wissen, was wir für unseren Sohn wollen und was nicht. Ich merke, wie wichtig es ist, dass wir eine richtige Familie sind – dass Christian auch einen Vater hat. Er darf bei uns schlafen, und wenn ich ihn gestillt habe, dreht er sich um und krabbelt seinem Vater in die Arme. Ich sehe allmählich die Wahrheit dieses Bibelverses, wo es heißt, dass Kinder unser Erbe und ein Segen Gottes sind. Als ich jung war, hab ich an all das nicht gedacht. Es ist gerade so, als ob wir eine zweite Chance bekommen haben.“

Jawohl, Sie fangen von vorne an, und doch ist es nicht dasselbe wie früher. Sie haben sich verändert, Sie haben gelernt, Sie sind gewachsen. Sie sind reifer als früher, reifer auch als zu Beginn dieser Schwangerschaft. Sie sind weiser, klüger, effizienter als bei Ihren anderen Kindern. Auch diese anderen Kinder haben sich verändert; sie sind älter geworden. Vor allem aber: Hier kommt eine neue Person in die Familie, die Sie bisher noch nicht kannten. Dieses Kind, Sie haben es noch nie in den Armen gehalten, ihm noch nie vorgesungen, es nie gestillt, nie in Decken gewickelt, ihm nie gezeigt, wie man einen Löffel hält, es nie ins Bett gebracht. Egal, wie oft Sie diese Dinge schon getan haben, bei *diesem* Kind haben Sie es noch nie gemacht. Sie fangen von vorne an, es ist wieder ein erstes Mal.

Als Abraham zur Welt gekommen war, fand ich mich sonntagmorgens bald in der Krabbelstube der Kirche wieder, im Schaukelstuhl, auf meiner Schulter das Baby einer anderen Frau, während Abraham zufrieden schlafend in seiner Babytrage zu meinen Füßen lag. Ich hatte ihn in der Nacht zweimal gefüttert und war entsprechend müde, ich vermisste auch den Gottesdienst, nach dem ich mich so sehnte. Aber ich hatte mich für den Februar als Krabbelgruppenmutter eintragen lassen, und in diesem Monat dachte ich zurück an meine Schwangerschaft und wie ich jetzt genau das machte, wovor ich solche Angst gehabt hatte. Hier saß ich also wieder in der Kleinkinderbetreuung und schaute nicht nur nach meinem eigenen Kind, sondern wischte die Spucke von anderen von meiner Schulter, nahm die quengeligen mit in den Schaukelstuhl, tätschelte und streichelte, wechselte Pampers. Aber ich fühlte mich nicht wie eine Verliererin, ich war nicht resigniert oder bitter.

In diesen Stunden in dem Krabbelraum fing ich an, über mich nachzudenken, meine Vorstellungen von Fortschritt und Erfolg kritisch zu beleuchten. Ich hatte mir das Leben immer als eine ungebrochene Linie vorgestellt, die immer schön nach oben ging. So wollen wir das ja alle haben: ständig vorwärts, ständig aufwärts, immer mehr Wachsen, Lernen, Fortschritt. Das Dasein als Einbahnstraße zum Glück, als berufliche, persönliche und mitmenschliche Himmelsleiter. Die nächste Beförderung, der nächste runde Geburtstag, immer mehr Erfolg, immer mehr Wissen. Und das Großziehen unserer Kinder hat gefälligst dem gleichen Muster zu folgen. Ist die Stufenleiter, von der Zeugung bis zum Erwachsenenleben, nicht deutlich? Das Neugeborene muss dreimal in der Nacht gefüttert werden, dann nur noch einmal, dann gar nicht mehr. Auf die Pampers folgt die erste Unterwäsche, bald kann das Kind sich allein anziehen, und schon geht es in den Kindergarten und dann in die Schule. Und so weiter und so fort, eine Stufe nach der anderen, bis auch die Schule vorbei ist und wir den Sprössling in die Unabhängigkeit entlassen.

Mit mein erster Gedanke, als ich merkte, dass ich schwanger war, war: *Wie alt ich wohl bin, wenn das Kind sein Abitur macht?* Mehreren meiner Freundinnen eröffnete ich meine unerwartete Schwangerschaft mit diesen Worten: „Stell dir vor, ich bin schwanger, und wenn das Kind mit der Schule fertig ist, bin ich 61!“ Zwei Jahre später lautete die aktualisierte Version: „… und wenn das Kind mit der Schule fertig ist, bin ich 63!“ Ich sagte das, um mich des Mitgefühls meiner Freundinnen zu versichern; ich wusste, dass ich nicht die Einzige war, die sich ihr Leben als ungebrochene Linie nach oben vorstellte. Sicher würden sie mich verstehen!

Sie verstanden mich. Ihr mitfühlendes Kopfschütteln bestätigte mir, was ich bereits wusste: Mein Mann und ich hatten unsere Lebenskurve ruiniert. Mittendrin ging die Linie schroff nach unten, fast bis zurück in den Keller. Das war wohl nichts gewesen …

Aber eine innere Stimme – halb Instinkt, halb Bibel – sagte mir, dass etwas nicht stimmte an diesem Bild. Und ich dachte nach und merkte, wie gründlich (und völlig unbewusst) ich der Vorstellung aufgesessen war, dass es sozusagen ein Verfallsdatum des Elternseins gibt, dass am Ende jener nach oben zeigenden Lebenskurve die große Freiheit auf uns wartet, wo uns keine Sorgen und Pflichten mehr belasten. Erziehe deine Kinder, opfere dich für sie auf, solange sie unter deinem Dach wohnen – und wenn sie dann ausgezogen sind, fang an zu leben! Kauf das Motorrad oder das Wohnmobil, mach Urlaub in Australien, räkele dich am Strand in der Sonne, genieße deine Bildungsreise mit Weinproben. Du hast genug geschuftet, jetzt gönn dir was!

Nicht alle leben so. Ich muss hier an Frauen wie Crystal und Renée denken, die beide auch von vorne anfangen mussten und nicht wussten, wie sie das schaffen sollten, noch einmal einem Kind Mutter zu sein. Doch bevor dieses Kind kam, waren sie beide für Dutzende von Kindern Pflegemütter gewesen, und als ihre Überraschungskinder gerade mit dem Krabbeln anfingen, erzählten sie mir beide, dass sie vorhatten, demnächst in ein größeres Haus umzuziehen – um Platz für die nächsten Pflegekinder zu haben, damit sie den nächsten Kleinen die Mutter ersetzen konnten.

Als ich dort in dem Schaukelstuhl saß, um mich herum lauter Kleinkinder – eines schrie, zwei balgten sich, ein paar schliefen, zwei jagten einem Ball hinterher –, musste ich an eine Szene aus dem Neuen Testament denken. Die Jünger haben sich um Jesus versammelt, sie haben eine wichtige Frage: Sie wollen wissen, wer der Größte in Gottes Reich ist. Sie stellen die Frage nicht ohne Hintergedanken. Sie glauben, die Antwort schon zu kennen: *Sie* sind die Größten – wer denn sonst? Hat Jesus nicht sie zu seinen engsten Mitarbeitern gewählt? Haben sie nicht seine Wunder miterlebt, haben sie nicht sogar selber ein paar Leute geheilt? Eigentlich wollen sie nur noch wissen, wer unter ihnen der *Aller*größte ist. Und jeder von ihnen hat sie innerlich parat, seine Meritenliste; man weiß ja, wer man ist und was man kann …

Die Antwort Jesu haben sie nicht erwartet: „Wollt ihr das

wirklich wissen? Seht ihr das kleine Kind hier?" Jesus stellt es in ihre Mitte. „Ihr wollt die Größten im Himmel sein? Dann ändert euer stolzes Herz und werdet so demütig und bedürftig wie dieses Kleine. *Dann* seid ihr richtig für den Himmel; *so* werdet ihr in meinem Reich groß."

Die Worte müssen sie schier umgeworfen haben. Bestimmt haben sie es ungläubig angestarrt, das kleine Mädchen oder den kleinen Jungen, den Jesus da in ihre Mitte gezogen hatte. Ein Kind, barfuß, das rechts und links nicht unterscheiden konnte, ein Mädchen mit Zaushaar, das sich noch nicht selber anziehen konnte, ein Junge, der gerade seine ersten Wörter lernte und der ohne seine Mutter oder seinen Vater dem Hungertod preisgegeben wäre.

Als ich im sechsten Monat war, wusste ich noch nicht, ob ich das schaffen würde: von vorne anzufangen und noch ein Kind willkommen zu heißen, noch einmal rund um die Uhr da zu sein für so ein Kleines mit seinen hundert Freuden und Leiden und Bedürfnissen. Aber an jenem Tag in der Krabbelstube erkannte ich es: Niemand von uns bekommt ihn je, den großen Befreiungsschein von den Kindern und Kleinen. Dass wir uns um die Hilflosen kümmern, gehört zum Leben dazu. Wir werden nie in höhere Sphären befördert, aus denen wir auf die Kleinen herabsehen können. Gott will, dass wir für die Schwachen und Bedürftigen da sind. Immer. Niemand wird zu alt oder zu groß für die Berufung zum Lieben und Dienen.

Und wenn wir dann unser Leben in diese Kleinen, die Gott uns gegeben hat, investieren, geschieht etwas mit uns: Wir selber werden so wie sie – abhängig, verletzbar, demütig, klein. Gerade so, wie wir sein müssen, um in den Himmel zu kommen.

Die letzten drei Monate

7. Durchhalten

Im siebten Schwangerschaftsmonat wiegt Ihr Kind bereits über ein Kilo und sieht schon beinahe wie ein Neugeborenes aus. Sein Körper ist gut ausgebildet. An den Fingerspitzen wachsen die Fingernägel. Das Kind kann jetzt seine Augen öffnen und schließen und sich zum Licht hin drehen, wenn eine helle Lichtquelle in der Nähe ist.[13]

Hört mir zu, ihr Nachkommen Jakobs, alle, die ihr von Israel noch übrig seid! Von Anfang an habe ich euch getragen, seit eurer Geburt sorge ich für euch. Ich bleibe derselbe; ich werde euch tragen bis ins hohe Alter, bis ihr grau werdet. (Jesaja 46,3-4)

Es gibt Paare, die zelebrieren die Planung der Schwangerschaft wie eine Messe. Schon lange bevor das Teststäbchen seine Farbe ändert, setzen sie sich zusammen, überlegen, diskutieren, machen Listen. Erstens soll das Kind natürlich gesund sein. Zweitens legt man sein Geschlecht fest. Danach kommen die Wünsche zu Augen- und Haarfarbe und wem das Kind ähnlich sehen und wessen Begabungen es erben soll. Dann Namen für die engere Wahl, vorsichtshalber für einen Jungen und ein Mädchen. Tiefgründige Gespräche über den richtigen Abstand zwischen Geschwistern. Vorsondierungen zu etwa notwendigen Änderungen in der Berufstätigkeit. Besuche in Möbelgeschäften: Wie baut man das Gästezimmer am besten zum

Kinderzimmer um? Die potenziellen Eltern beginnen auch, etwas für ihre Gesundheit zu tun: mehr Bewegung, gesünderes Essen. Damit's auch ganz bestimmt ein Prachtkind wird.

Solchen Planungsluxus haben die Frauen in diesem Buch (und sicher auch die meisten Leserinnen) sich nicht leisten können – zumindest nicht bei *dieser* Schwangerschaft. Diese Schwangerschaft ist wie ein Blitz aus heiterem Himmel gekommen. Wir sind beschäftigt, viel zu beschäftigt, wir können nicht mehr. Wir haben nicht das Geld, wir haben nicht die Kraft, vielleicht noch nicht einmal die Unterstützung unseres Ehemanns oder Partners. Manche von uns sind ganz allein mit ihrer Schwangerschaft. Unser Körper ist dabei, diesem neuen Baby eine perfekte Umgebung zum Wachsen zu schaffen, aber die Umgebung, in der wir leben, ist oft alles andere als perfekt. Doch wir machen weiter, und jetzt sind wir im siebten Monat. Unser Bauch wird immer größer, die Realität dieses neuen Kindes rückt immer näher. Wir merken, wie wir uns verändern, versuchen uns vorzubereiten auf das, was da kommt. Aber noch ist es nicht ganz so weit, und so machen wir weiter, halten durch. Heute ist auch ein Tag. Und morgen.

Der siebte Monat ist eine gute Zeit, sich eine Hebamme zu suchen und mit ihr einen Termin für die nächste Zeit zu machen, zum Kennenlernen und zur Vorbereitung der Geburt. Die Krankenkassen übernehmen in Deutschland, Österreich und der Schweiz die Kosten. Mit der Hebamme können Sie auch darüber sprechen, welche ihrer Vor- und Nachsorgeleistungen die Krankenkassen bezahlen.

Shoshana hatte viel am Hals. Ihre Überraschungsschwangerschaft erwischte eine Mutter, die bereits für drei Töchter zu sorgen hatte, von denen die älteste im Rollstuhl saß. Als sie merkte, dass sie wieder schwanger war, kam erst die Wut und dann die Angst. Wie sollte sie das nur schaffen, vor allem, wo ihre Älteste sie so brauchte? Sie und Jon hatten zwei schöne Reisen geplant – die eine nach Las Vegas, zur Hochzeit ihrer besten Freundin, die zweite als Familienausflug ins Disneyland. Als die Schwangerschaft kam, beschlossen sie, ihre Reisepläne nicht zu ändern. Shoshana war im achten Monat schwanger, als sie sich mit Mickymaus fotografieren ließ und die diversen Attraktionen in Disneyland ausprobierte, aber es war ein schöner Tag für sie und die ganze Familie. Diese Schwangerschaft lief überhaupt viel besser als die letzte. Shoshana und Jon waren voller Hoffnung – und sie wussten, dass das neue Baby endlich ein Junge war. Doch dann platzte ein Telefonanruf in ihren Familienurlaub.

Es war ein Freund von zu Hause, der zusammen mit Jon in der Nationalgarde diente (die Nationalgarde besteht aus Reservisten; d. Übers.). „Wir gehen in den Irak", sagte die Stimme am anderen Ende der Leitung. „Unsere Einheit ist in Alarmbereitschaft versetzt worden. Ich weiß noch nicht, wann es losgeht, aber jedenfalls bald." Jon und Shoshana waren geschockt. Shoshana wollte das Herz stillstehen. Hier waren sie in ihrem Traumfamilienurlaub in Disneyland, und jetzt das!

Aber Shoshana war nicht bereit, sich unterkriegen zu lassen. *Nein,* sagte sie sich, *ich lass mir von dieser Nachricht nicht unseren Urlaub kaputtmachen.* Und sie blieben bis zum geplanten Abreisetag in Disneyland, boten ihren Mädchen etwas und behielten ihre Sorgen und Ängste für sich.

Die offizielle Einberufung kam, kurz nachdem sie wieder zu

Hause waren: Jons Einheit würde in zwei Wochen nach Texas gehen, wo man sie zwei Monate lang auf den Einsatz im Irak vorbereiten würde. Über Weihnachten dürften die Männer zurück nach Hause, danach kämen sie für 18 bis 24 Monate in den Irak.

Es ging alles so schnell, dass Shoshana wie betäubt war. Sie hatte kaum Zeit, darüber nachzudenken, was dies für sie bedeutete. Sie müsste dieses Baby also allein zur Welt bringen und danach die ersten beiden Jahre allein aufziehen. Und sie hatte doch schon drei andere Mädchen, um die sie sich kümmern musste, und das eine musste dauernd zum Arzt oder ins Krankenhaus. Und Jon würde seine Firma so lange schließen müssen, was die Finanzen der Familie empfindlich schmälern würde.

Zwei Tage, bevor Jon ging, bekam Shoshana (wohl aufgrund des Schocks und Stresses) vorzeitige Wehen. Als sie im Krankenhaus lag, an diverse Geräte und Bildschirme angeschlossen, neben sich auf einem Stuhl Jon, traf es sie wie ein Hammerschlag der Traurigkeit und hilflosen Wut: Jawohl, in zwei Tagen war ihr Mann nicht mehr da. Es hätte eine so schöne Zeit in ihrem Leben sein können; sie hatten sich beide mit diesem Kind abgefunden, ja sie freuten sich darauf, und ein Junge war es noch dazu. Die Mädchen waren richtig aufgeregt – bald hätten sie einen Bruder! Aber jetzt, wo Jon in den Irak musste, wo war da die Freude? Shoshana war hin- und hergerissen zwischen Wut und Gebet.

An diesem Freitag flog Jon, wie geplant, nach Texas. Es gelang den Ärzten, die Wehen zu stoppen, und Shoshana ging zurück nach Hause, um die letzten Wochen ihrer Schwangerschaft abzuwarten.

Randi hatte eine volle Stelle als Lehrerin und gerade mit einem Aufbaustudium begonnen; die Seminare fanden meistens abends statt. Sie wusste, dass diese Doppelbelastung nicht einfach war, aber sie war ledig und hatte keine anderen Verpflichtungen. Als ihre Periode überfällig war, kümmerte sie das zunächst nicht weiter, bis sie eines Nachts mit dem Gedanken aus dem Schlaf hochfuhr: *Was, wenn ich schwanger bin?* Daran hatte sie bis jetzt noch gar nicht gedacht; sie hatte ja nur ein einziges Mal mit diesem Mann geschlafen. Obwohl sie schon in den Dreißigern war, war er erst ihr zweiter Freund.

Sie war natürlich schwanger. Als der Teststreifen sich rosa verfärbte, begann der Boden unter ihr zu wanken; wegbrechen tat er nicht. Sie wusste, dass Abtreibung keine Option war; sie hatte schon einmal abgetrieben und sich anschließend geschworen, so etwas nie wieder zu machen. Wenn sie ehrlich war, hatte sie sich immer nach einem Kind gesehnt. Natürlich nicht unter solchen Umständen wie jetzt, aber sie würde dieses Kind nicht ablehnen. Aber wie war das mit ihrem Studium? Sie zwang sich, die Sache ruhig zu überdenken. Die Seminare endeten im März, der Geburtstermin lag im April. Doch, das würde gehen.

Die nächsten neun Monate ging sie tagsüber ihrem Beruf als Lehrerin nach, und dienstags und donnerstags fuhr sie ins Zentrum von Chicago und besuchte von 18 bis 22 Uhr ihre Seminare. Samstags gingen die Seminare den ganzen Tag. Wenn sie vom Parkplatz zu den Universitätsgebäuden ging, musste sie sich alle paar Schritte übergeben. Teils war es die Schwangerschaft, teils der ungeheure Druck, unter dem sie stand.

Und dann verdoppelte die Last, die sie trug, sich noch. Weil ihr Bauch so rasch dicker wurde, ordnete ihr Arzt eine erneute

Ultraschalluntersuchung an – und siehe da, sie hatte Zwillinge. Randi warf die Nachricht schier um, aber weil es in ihrem Leben bisher so wenig gab, das sie lieben konnte, glaubte sie, dass in ihm auch für zwei Kinder statt einem Raum war. Und sie war es nicht nur sich selber, sondern auch diesen Kindern schuldig, ihre Berufstätigkeit und diese Zusatzqualifikation, die ihr mehr Gehalt bringen würde, nicht aufzugeben. Jetzt würde sie das Geld noch dringender brauchen. Mit ihrer jetzigen Stelle verdiente sie ganze 19.000 Dollar im Jahr; nach Abzug der 400 Dollar im Monat, die sie allein für die Miete aufbringen musste, hatte sie kaum noch genug für ihre Rechnungen, Babykleidung und die nötigsten Gegenstände des täglichen Lebens übrig. Sie arbeitete weiter, sie studierte weiter und sie brach auch ihre Schwangerschaft nicht ab – und das, obwohl sie Zwillinge erwartete, obwohl sie ganz allein war und obwohl ihre Dozenten keinerlei Rücksicht auf ihre Lage nahmen.

Michele Gonzales ging mit vier Kindern durch ihre Überraschungsschwangerschaft. Sie wohnte in einer 100-Quadratmeter-Wohnung auf einer abgelegenen Insel der Aleuten vor der Küste Alaskas, wo es fast ununterbrochen stürmte und regnete. Ihr Mann war voll mit seinem Beruf beschäftigt, und Michele war den ganzen Tag zu Hause, unterrichtete die Kinder und versuchte, in den langen, dunklen Wintern, wenn alle sich wie eingesperrt fühlten und gegenseitig auf die Nerven gingen, den Familienfrieden zu wahren. Und jetzt also noch die Komplikationen und Sorgen mit dem Baby, einschließlich der langen Flüge zu den medizinischen Untersuchungen.

Teresa Carlson landete in ihrem achten Monat im Rollstuhl, wegen starker Schwellungen, Plazentaverlagerung und einsetzender Wehen. Die Ärzte rieten ihr dringend, für den Rest der Schwangerschaft ihr Haus auf dem Land zu verlassen und in die Nähe der 400 Kilometer entfernten Klinik zu ziehen. Sie brauchten das Gehalt ihres Mannes eigentlich, aber der bestand darauf, sie nicht allein zu lassen, sondern mit ihr zu ziehen. Vorübergehend ohne Einkommen, hatten sie Mühe, eine erschwingliche Wohnung zu finden und das Geld für Essen, Trinken und die Taxifahrten zu den Arztterminen zusammenzukratzen. Erst nach mehreren Wochen Papierkrieg und leeren Küchenschränken bekamen sie etwas Beihilfe vom Sozialamt.

Meine zweite Überraschungsschwangerschaft platzte mitten in eine Krise unseres Familienunternehmens und in massive Schwierigkeiten mit unserem Haus: Wände und Dach unseres Hauses am Ozean waren so morsch, dass wir sie komplett ersetzen, also praktisch ein neues Haus bauen mussten. Wir mussten umziehen, den gesamten Haushalt, Zimmer für Zimmer, in Kisten verpacken und in ein kleines Notquartier ziehen. Sieben Monate hausten wir dort, bis vier Monate nach der Geburt des Babys. Die vier Jungen mussten in der Garage schlafen. Unsere Familienkasse war leer, unsere Firma stand auf der Kippe, unsere ganze finanzielle Zukunft war ungewiss.

Jede von uns Frauen hatte sich ein ruhiges, geordnetes Leben gewünscht. Und eine unkomplizierte Schwangerschaft. War das nicht unser gutes Recht? Reichte es nicht, dass wir für noch ein Kind Raum in unserem Leben machten? Hatten wir nicht schon auf genug verzichtet? Ich weiß nicht, ob jemand eine Antwort auf die Frage hat, warum manche von uns so viel auf einmal tragen müssen. Aber jede der Frauen, mit denen ich sprach, machte weiter, hielt durch, stand jeden Morgen neu auf, zog sich an, frühstückte und ließ ihr Baby weiterwachsen, einen Tag nach dem anderen.

Weitermachen, durchhalten – es ist gerade so wie das Paradox der Geburt selber. Jeden Tag neu mit einer Energie anpacken, von der wir nicht wussten, dass wir sie besaßen. Und jeden Tag neu loslassen, darauf verzichten, alles zu wissen, das ganze Bild zu sehen, zu verstehen, warum und wieso das Leben so ist.

Manchmal ist es wie ein Gehen durch den Nebel, angetrieben von schlichtem Gottvertrauen, von dem Glauben, dass da ein Sinn ist, auch wenn wir ihn nicht sehen können, dass der Schöpfer allen Lebens keinen Fehler gemacht hat (auch wenn unsere Gefühle etwas anderes schreien), dass der, der uns in diese Aufgabe gerufen hat, uns alles geben wird, was wir brauchen. Und nicht nur Vertrauen treibt uns an, sondern auch Wissen – das Wissen, dass wir diesem Kind, indem wir es zur Welt bringen, die Möglichkeit geben, ins Dasein zu treten. Denn was für einen Sinn könnte ein Menschenleben haben, das es gar nicht gibt?

Sehen Sie das Ungeheure, was Sie da tun? Halten Sie durch!

8. Countdown

Ihr Kind wird allmählich zu groß, um sich viel zu bewegen, aber sein Strampeln ist jetzt spürbarer, und manchmal sehen Sie vielleicht den Umriss einer kleinen Ferse oder eines Ellenbogens unter Ihrer Bauchdecke. Das Kind ist 40 bis 45 Zentimeter lang und wiegt etwa knapp zwei Kilo.[14]

Jedes Ereignis, alles auf der Welt hat seine Zeit: Geborenwerden und Sterben, Pflanzen und Ausreißen ... Niederreißen und Aufbauen. (Prediger 3,1-3)

Keine acht Wochen mehr. Der Countdown beginnt. Bei 30 Wochen fing ich immer an, nicht mehr nach oben, sondern nach unten zu zählen: noch sieben Wochen, noch sechs Wochen ... Es machte in den Wochen, wo ich immer schwerer und langsamer wurde, die Last der Zeit gleichsam ein wenig leichter. Die letzten Wochen vor der Geburt sind für viele von uns eine Zeit, wo wir unser Leben neu organisieren, Gedanken zu Taten werden lassen, manchmal geradezu körperlich all das beiseite schieben, was nicht zu einer Schwangerschaft oder zu einem Neugeborenen im Haus passt.

Für die Mütter von Überraschungskindern sind die Veränderungen in ihrem Leben oft größer als für jene, die ihr Kind planen konnten. Wir müssen unseren Lebensstil ändern, radikal und rasch. Wir müssen die Schule oder das Studium abbrechen. Oder uns nach einer Arbeit umsehen, um für das Kind sorgen zu können. Oder in eine größere Wohnung umziehen. Oder unsere Arbeitsstelle aufgeben, um zu Hause bei dem Kind zu bleiben. Oder die Zigaretten und Bierflaschen wegwerfen …

Bei nicht wenigen läuft es darauf hinaus, dass der ganze Kurs ihres Lebens anders wird.

Dawna liebte das Leben. Mit fünfzehn die erste Ehe, bald danach die Scheidung. Alkohol, Drogen, Kokainverkäufe an ihre Freunde, ein Job in einer Bar, ein Leben ohne Pflichten. All das als Flucht vor einer Familie, die ihr wenig Liebe und viel Schläge und Gleichgültigkeit gegeben hatte. Dawna wurde in Rekordzeit erwachsen und war wild entschlossen, sich von niemandem mehr herumstoßen und kommandieren zu lassen. *Mein Leben gehört mir, basta …*

Als sie zwanzig war, lernte sie Dave kennen und verliebte sich über beide Ohren in ihn. Sie legten den Hochzeitstermin fest, in drei Monaten. Dann merkte Dawna, dass sie schwanger war. Sie heulte Rotz und Wasser. Jetzt war es passiert, wovor ihre Urgroßmutter sie jahrelang gewarnt hatte: Sie hatte ein Kind am Hals. Ihr ganzes Leben hatte sie die gleiche Schallplatte gehört: „Kinder sind ein Klotz am Bein. Du kannst nirgends mehr hingehen, du bist gefangen. Kinder bringen nichts als Ärger.“ Dawna glaubte diese Leier, und jetzt war es also passiert: Ihre Freiheit war fort, sie und Dave hätten keine Minute mehr für sich. So hatte sie sich das mit der Ehe nicht vorgestellt. Das Leben war vorbei.

Als sie sich ausgeheult hatte, holte Dawna tief Luft und

schaute sich ihr Leben an. Was musste anders werden, wenn sie Mutter wurde? Vieles. Keine Drogen mehr, kein Alkohol. Würde sie es schaffen, von jetzt auf gleich damit aufzuhören? Sie hatte Angst, aber sie durfte doch nichts tun, was diesem Kind – *ihrem* Kind und Daves Kind – schaden würde. Diese Entscheidung allein änderte den ganzen Kurs ihres Lebens. Und dann, drei Jahre nach der Geburt ihres Töchterchens, bekam sie ein zweites Mädchen.

„Dave und meine beiden Kinder haben mich gerettet", erzählt Dawna heute. Und sie zählt die Verwandten und Freunde von ihr auf, die im Bordell, im Gefängnis oder auf der Straße gelandet sind. „Wenn die Kinder nicht gekommen wären, wäre ich heute vielleicht ein Drogenjunkie auf der Straße. Aber diese Babys, sie waren so auf mich angewiesen. Ich *musste* für sie sorgen, ich konnte gar nicht anders. Wenn ich in den Supermarkt ging, kaufte ich mir nicht mehr das, wonach mir gerade der Sinn stand, sondern fragte mich, was meine Mädchen brauchten, was gut für sie war. Ich hörte auf, nur um mich selber zu kreisen. Ich fing an, mit meinem Geld zu haushalten und auch an die Zukunft zu denken. Wenn Dave und ich Zoff hatten und ich am liebsten alles hinschmeißen wollte, dachte ich an die Kinder und dass sie etwas Besseres von uns verdient hatten. Ich nahm mir mehr Zeit zum Planen und Entscheiden. Dass ich die Mädchen hatte, machte alles anders. Alles. Ich glaube, es gibt nichts in meinem Leben, das heute noch genauso ist, wie bevor die Kinder kamen. Vor den Mädchen steckte ich voll in der Sackgasse."

Lori Harford war 16, als sie schwanger wurde, und 17, als ihre Tochter geboren wurde. Wie Dawna lebte sie von einer Party zur nächsten. Als Tochter christlicher Eltern hätte sie es eigentlich besser wissen müssen, aber sie war völlig haltlos. „Ich trieb mich mit Leuten herum, die mich in den Abgrund zogen. Mein Leben war nicht so, wie es sein sollte, und ich wusste das."

Lori und ihr Freund, Justin, waren geschockt, als sie schwanger wurde. Sie versuchte, weiter zur Schule zu gehen, als ob nichts geschehen wäre (sie hatte noch anderthalb Jahre bis zum Schulabschluss), aber sie konnte sich nicht mehr konzentrieren, die Scham und die Angst *(Was werden die Leute sagen?*) ließen ihr keine Ruhe. Mehrere Wochen schlich sie mit gesenktem Kopf und in übergroßen Pullovern in den Unterricht, dann hielt sie es nicht mehr aus.

Sie fühlte sich als die große Versagerin, als sie die Schule schmiss, aber es tat sich etwas bei ihr und Justin. Sie fingen an, gemeinsam zur Kirche zu gehen. Sie gingen auch zu einem Seelsorger, und durch diese Seelsorge und das Wissen, dass ein Kind unterwegs war, das sie beide brauchen würde, vertiefte sich ihre Beziehung. Zwei Monate später heirateten sie.

Heute ist Loris Kind 15 Monate alt, und sie selber ist dabei, ihren Schulabschluss nachzuholen. Im Herbst wird sie mit der Berufsfachschule anfangen. Ihr Leben hat sich um 180 Grad gedreht seit jenem Tag, wo sie die beiden fetten Linien auf dem Teststäbchen sah.

„Wenn ich so weitergelebt hätte wie damals, ich weiß nicht, was aus mir geworden wäre. Die meisten meiner alten Freunde sind Drop-outs. Ihr ganzes Leben dreht sich darum, wo sie den nächsten Drogenschuss herkriegen und wer die cooleren Kumpels hat. Ich weiß selber nicht, was ich so toll gefunden hab an diesem Lebensstil, ich muss wohl blind gewesen sein.

Auch Justin hat sich mächtig verändert. Er ist ein anderer

Mensch geworden. Er liebt unser Mädchen richtig. Er will ein Vater werden, zu dem es aufsehen und den es bewundern kann. Mein Leben gefällt mir. Wir wohnen bei meiner Mutter, und ich habe noch Probleme und bin noch lange nicht da, wo ich hinwill, aber ich habe den Eindruck, dass Gott mich durch meine Tochter gerettet hat. Mein Leben war damals nicht richtig, aber Gott hat aus meinem krummen Leben etwas Gerades gemacht."

Die Frauen, die mir leise sagten: „Dieses Kind hat mein Leben gerettet", wussten alle, dass sie einen Kurswechsel vorgenommen hatten, der sie zum Leben und zum Licht führte, fort von dem Abgrund der Sucht und Zerstörung. Jawohl, sie hatten etwas aufgegeben – aber was sie gewannen, war so viel größer, dass die Wahl für sie klar war.

Manchmal fallen uns Veränderungen in unserem Leben, die an sich klein sind, schwerer als manche größeren Einschnitte. Manche Mutter, die ihren Beruf oder ihre Karriere an den Nagel hängen muss, fühlt sich, als ob sie ein Stück aus sich selber herausschneidet.

Theresa Peterson hatte sich den größten Teil ihres Erwachsenenlebens als Hochseefischerin in der kalten See vor Alaska betätigt und das Kunststück fertiggebracht, die Fischereisaison und die Erziehung ihrer beiden Kinder unter einen Hut zu bringen. Sie liebte die Arbeit draußen auf dem Ozean, sie liebte die Freiheit und Unabhängigkeit und wie sie in ein, zwei Monaten so viel Geld verdiente, dass sie den Rest des Jahres ganz für ihren Mann und die Kinder da sein konnte. Als sie mit 40 Jahren erneut schwanger wurde, bereitete ihr die Aussicht darauf, das Fischen aufgeben zu müssen, schlaflose Nächte. Im fünften Monat sah sie keinen Grund, den geplanten vierwöchigen Heilbutt-Trip abzusagen. Die vier Wochen auf See waren anstrengend und führten sie bis an ihre Grenzen, aber sie war nicht bereit aufzugeben.

Wenn das Baby da war – mit ihm einen Monat im Frühjahr auf hoher See, das musste doch möglich sein! Aber dann dachte sie daran, was dies im Einzelnen bedeutete. Wie sollte sie sicherstellen, dass während dieses Monats ihre Milchdrüsen die Produktion nicht einstellten? Sie müsste sich auf dem Schiff die Milch regelmäßig abpumpen. Wo konnte sie das machen? Es gab nur einen Ort, wo sie für sich war – die winzige Toilette, in der man sich fast nicht umdrehen konnte. Mehrere Male am Tag müsste sie ihre Arbeit unterbrechen, unter Deck in die Toilette gehen, ihr Ölzeug umständlich ausziehen und sich auf die Toilette setzen und die Pumpe an die Brust halten, während oben der Rest der Crew, so gut es ging, ohne sie weitermachte.

Theresa erinnert sich: „Ich wollte nicht verzichten auf dieses Stück Freiheit, das das Hochseefischen für mich bedeutete. Es war so lange ein Stück von mir gewesen, dass es sehr, sehr schwer war, das aufzugeben."

Aber sie gab es auf. Seit drei Jahren ist sie nicht mehr zum Fischen auf See gewesen. Aber zwei Jahre nach der Geburt ihrer Tochter war es ihre Erfahrung in der Hochseefischerei, die ihr einen Traumjob als Koordinatorin einer Organisation für Meeresbiologie und Umweltschutz bescherte. „Ich hätte nie gedacht, so einen Job zu kriegen. Es ist etwas völlig Neues für mich und echt spannend."

Donna, eine bekennende Workaholic, die ihre Arbeit als Rezeptionistin bei einen Zahnarzt heiß und innig liebte, ging auf eine halbe Stelle, als ihr Überraschungskind geboren wurde. „Mein Jacob hat die Brille, durch die ich meine Arbeit sehe, völlig verändert. Ich hatte auf einmal eine ganz neue Perspektive."

Als Bianca Clark schwanger wurde, hängte sie ihr Musikstudium, für das sie so viel geopfert hatte, an den Nagel. Sie wusste: Sie würde arbeiten gehen müssen, um ihre frischgebackene Familie über die Runden zu bringen, und wenn sie weiterstudierte, würde sie weder dem Studium noch ihrem Kind ihre volle Aufmerksamkeit widmen können. Sie hat vor, das Studium irgendwann später wieder aufzunehmen. Bis dahin schlägt sie sich mit drei verschiedenen Jobs durch und legt das Geld auf die hohe Kante. „Es ist nicht ganz das, was ich vorhatte, aber vielleicht war mein Lebensplan ja gar nicht der richtige. Durch uns ist ein neues Leben entstanden. Dass sich dadurch mein Leben geändert hat, muss ja nicht bedeuten, dass ich eine Versagerin bin oder nie mehr studieren kann. Wenn mein Kind mich zum ersten Mal anlächelt, werde ich wissen, dass das Opfer nicht umsonst war."

Als ich zum zweiten Mal entdeckte, dass ich ungeplant schwanger war, beschloss ich, meine Karriere als Dozentin zu beenden, für immer. Ich würde die Dozentenstelle, die Krönung von zwanzig Jahren Arbeit, aufgeben. Vier Jahre College, danach fünf Jahre Graduiertenstudium, ein Lebenslauf, der auf fünf Seiten angewachsen war, und dann endlich mein Traumjob: eine unkündbare Position als Assistenzprofessorin für Englisch an einer staatlichen Universität.

Und jetzt, nach fünf Jahren auf dieser Traumstelle, saß ich

im Flugzeug, auf dem Weg zu einer Fachtagung. Noch wusste keiner meiner Kollegen, dass ich schwanger war und dass ich wegen dieser Schwangerschaft bald meine Stelle kündigen würde. Es war mir schmerzhaft bewusst, dass dies mein letzter Flug als Englischdozentin war. Ich saß direkt am Fenster, in meinem überweiten schwarzen Wollpullover und schwarzen Trenchcoat, an den Füßen ebenfalls schwarze Schuhe. Der Flug dauerte eine Stunde, genügend Zeit, etwas zu arbeiten. Ich öffnete meinen Laptop und begann zu tippen.

Dann hörte ich plötzlich, wie neben mir jemand lachte. Ich schaute in die Richtung. Auf der anderen Seite des Mittelgangs saßen zwei übergewichtige, in Jeans, Sportjacken und Freizeitschuhe gekleidete Frauen. Sie schienen gute Freundinnen zu sein, die, wie ich alsbald merkte, beide kleine Kinder hatten. So laut, dass die ganze vordere Hälfte der Maschine es mithören konnte, unterhielten sie sich über ihre Erfahrungen mit der Sauberkeitserziehung ihrer Sprösslinge.

„Wann hast du bei Christopher angefangen?"

„Viel zu früh! Er war noch nicht so weit. Er hat einfach nicht kapiert, dass er seinen Pipi, wie er das Ding nennt, nach unten halten muss, und hat jedes Mal die ganzen Wände im Bad vollgespritzt!"

Die andere Frau prustete los und revanchierte sich mit ihrer eigenen Vorbeipinkel-Geschichte. Worauf die beiden alsbald zu den festeren Entsorgungsprodukten übergingen.

Ich hörte aufmerksam zu. Was hätte ich sonst machen sollen? Fast musste ich grinsen über die Situation: Ich war diejenige mit den eleganten Schuhen und dem Laptop, ganz das Bild der Karrierefrau, aber zu Hause hatte ich fünf Kinder, das Jüngste gut ein Jahr alt, und das Sechste war gerade unterwegs.

Ich hätte meine eigenen Topf- und Toilettenanekdoten zum Besten geben können. *Aber das tue ich nicht, und schon gar nicht in aller Öffentlichkeit,* dachte ich. Hatten die beiden da drüben gar kein Benimm? Aber halt, bald war ich ja wieder eine von ihnen, würde auch in Jeans und Freizeitschuhen ins Flugzeug steigen, würde mich auch ungeniert über die Hinterlassenschaften meiner Kinder auslassen (und, schlimmer noch, wie ich sie aufwischen musste).

Und irgendwann während dieses Fluges musste ich denken: *Hältst du dich für die Kaiserin von China? Mensch, du hast noch eine Menge zu lernen.*

Im achten Monat flog ich wieder in dieselbe Stadt. Bei mir waren der mittlerweile zweijährige Abraham und mein Mann Duncan, der geschäftlich in der Stadt zu tun hatte. Ich war mittlerweile keine Englischprofessorin mehr. Ich sollte einen Workshop für Schriftsteller an der Universität leiten und arbeitete an dem Buch, das Sie gerade lesen, aber ansonsten war ich Leslie, die schwangere Hausfrau und Mutter, die damit beschäftigt war, die Schwangerschaft hinter sich zu bringen und das Räderwerk der Familie am Laufen zu halten.

Ein paar Tage später, an einem Sonntagnachmittag, stand ich mit Abraham im Foyer eines großen Bürogebäudes. Wir mussten über eine halbe Stunde warten, die ich damit verbrachte, den Jungen daran zu hindern, den Trinkwasserspender, die säuberlich gestapelten Pappbecher, den Teppich und meine Kleider zu ruinieren. Er machte mich halb nass dabei. Ich rutschte gerade erschöpft auf den Knien herum und hob Becher auf, mein Körper schwer wie ein Kartoffelsack, als der Aufzug klingelte.

Die Aufzugtür öffnete sich, und heraus trat eine Frau. Sie

trug ein makelloses schwarzes Wollkostüm, schwarze Strümpfe und hochhackige Schuhe. Um ihren Hals lag eine elegante Perlenkette, Frisur und Make-up waren vom Feinsten. Sie war die Ruhe, Professionalität und Souveränität in Person. Ich war nichts dergleichen. Und ich kannte sie. Ich hatte sie einmal interviewt, für ein Buch, das ich vor einigen Jahren geschrieben hatte.

„Oh, Leslie! Wie geht's, wie steht's?", rief sie aus, während ihr Blick prüfend zu meinem Bauch huschte und ihr Gesicht ihr offensichtliches Erstaunen zu verbergen versuchte. Wir waren fast gleich alt.

„Danke, gut", flunkerte ich rasch, nicht weniger schockiert über sie als sie über mich. Warum sah die aus, als ob sie aus der Oper kam und nicht aus einem für das Wochenende geschlossenen Bürohaus, wo alle anderen Jeans trugen?

Wir tauschten wacker ein paar belanglose Sätze aus, um unsere Verlegenheit zu überspielen, während ich versuchte, Abraham festzuhalten, dann stolzierte die Dame nonchalant den Flur hinunter zu ihrem Termin. Ich wusste, wie ich in ihren Augen aussah: die ewig Schwangere, die nichts in Politik und Gesellschaft bewegte, eine Hausfrau halt. Die Verliererin im Mama-Krieg. Die Kinder dieser Frau waren fast erwachsen und würden bald aus dem Haus sein. Aber ich beneidete sie nicht. Jetzt nicht mehr. Ich wusste, wie sich eine Frau in ihrer Position fühlte, wusste, dass ihr Selbstwertgefühl sich fast ganz daraus speiste, wie andere Menschen sie sahen. Ich kannte beide Orte in der Geographie des Lebens – ihren und meinen – und wusste, dass keiner von ihnen höher war als der andere. Der eine war wohl schwieriger, kein Zweifel daran. Und ich hatte den Ruf erhalten, zurück an den schwierigeren Posten zu gehen.

Ich glaube, an jenem Tag war ich fast bereit für das neue Kapitel in meinem Leben. Ich wusste, ich hatte es richtig gemacht, als ich meine Karriere aufgab. Ich verließ die Arbeit, die ich liebte, um mich der Arbeit des Liebens zu widmen.

Wir alle treffen Entscheidungen und ändern uns, während wir auf die Geburt unseres Kindes warten. Wir machen Raum in unserem Leben, unserer Wohnung, unserer Arbeit, unserem Herzen. Manche der Entscheidungen fühlen sich schwer an, ja sie *sind* schwer. Aber wir treffen sie trotzdem, in dem zuversichtlichen Glauben, dass etwas Größeres, Wertvolleres daraus entstehen wird.

9. Geburt

Ihr Baby ist jetzt etwa fünfmal größer als im dritten Monat ... sein Gewicht ist etwa 120-mal höher. Der Lanugo-Flaum ist fast wieder verschwunden ... Die Fingernägel sind länger als die Finger; es kann sein, dass Sie sie nach der Geburt schneiden müssen.[15]

Wer solch ein Kind mir zuliebe aufnimmt, der nimmt mich auf. (Matthäus 18,5)

Jetzt ist es fast so weit. Nie ist die Zeit so langsam vergangen wie in den letzten beiden Wochen. Jetzt kann das Kind jeden Augenblick kommen. Sie leben in Zeitlupe, jede Zelle in Ihrem Körper scheint mit Blei gefüllt zu sein. Sie beklagen sich:

„Ich will raus aus diesem blöden Körper! Mir reicht's!"

„Wenn ich nur nachts schlafen könnte. Oder mich wenigstens umdrehen, ohne dass es ein halbes Erdbeben gibt und mein Mann aufwacht. Ich kann's nicht erwarten!"

„Jetzt schlaf ich schon auf dem Fußboden, auf zwei Luftmatratzen übereinander, und immer noch fühl ich mich wie die Prinzessin auf der Erbse!"

„Seit einem Monat fühl ich mich, als ob mir jemand die Luft abdrehen will. Ich kann's nicht erwarten, wieder richtig Luft holen zu können."

„Jeder, der mich sieht, fragt mich, ob das Kind noch nicht da ist. Ich bin das so leid!"

„Ich sehe so unförmig aus, dass ein älterer Mann aus meiner Gemeinde mir gesagt hat, dass es ihm wehtut, wenn er mich anschaut."

Aber in all den Wochen ist auch etwas Positives geschehen, mit dem Sie nicht gerechnet hatten: Sie sind bereit für dieses Kind – oder doch mindestens bereit, *nicht mehr* schwanger zu sein. Sie haben den Eindruck, dass Ihre Haut platzen wird, wenn sie noch länger zwei Menschen gleichzeitig als Hülle dienen muss. Sie kommen sich wie der Fisch vor, der den Propheten Jona verschluckt hatte. Oder wie ein überfüllter Bus. Sie können es nicht erwarten, Ihren Körper zurückzubekommen, sich wieder im Bett umdrehen zu können, einfach so, wieder frei zu atmen, Treppen zu steigen, ohne sich am Geländer festklammern zu müssen. Sie wollen endlich wieder in Ihre Kleider passen, endlich wieder wie ein Mensch gehen … Nur noch ein bisschen Geduld, bald ist es so weit. Sie sind es auch satt, all die Fragen, Ängste und Zweifel mit sich herumzuschleppen, all dieses „Was wird, wenn …?" Sie haben sich die GAUs so lange vorgestellt, dass Sie sie in- und auswendig können. Sie wollen endlich das erleben, was kommt, und nicht das, was alles sein könnte.

All das Ungemach der letzten Wochen – Übelkeit, Braxton-Hicks-Kontraktionen, Schlaflosigkeit, vielleicht sogar verfrühte Wehen – hat Sie weich geklopft und Ihren Körper auf den großen Endspurt vorbereitet. Und nicht nur Ihren Körper, sondern auch Ihren Geist. Die Wehen und die Geburt, die Sie all die Monate so mit Schrecken erfüllt haben, sehnen Sie jetzt förmlich herbei. Die Krise der Geburt wird der Augenblick der großen Befreiung sein, für Sie und für dieses Baby. Her damit!

Was in den Augenblicken und Stunden der Geburt geschieht, kann wie eine Verwandlung sein. Fast jeder Film, in dem eine Geburt passiert, zeigt anschließend die erschöpfte, aber strahlende Mutter, wie sie im Bett liegt und das Neugeborene in die Arme schließ. Ihr Gesicht leuchtet, ihr Mann kann sich nicht halten vor Zärtlichkeit und Stolz, als er sie und das Kind umarmt. In schlechten Augenblicken fragt man sich leicht, ob die Glückwunschkarten zur Geburt alle aus Hollywood kommen.

Wenn dies Ihr erstes Kind ist, fragen Sie sich vielleicht, was denn an einer Geburt *so* wunderbar, *so* zauberhaft, *so* besonders sein soll. Und ist es wirklich möglich, ein Wesen spontan zu lieben, das man gerade zum ersten Mal sieht und das, nun ja, noch nicht ganz fertig aussieht? Aber nicht nur ich, sondern auch andere können es Ihnen bestätigen: „Jawohl, es ist möglich. Eine Geburt kann der höchste, der gewaltigste Augenblick in unserem Leben sein. Eine Geburt, das ist ein richtiges Wunder."

Für Pam war es ein Wunder. Dies war die Schwangerschaft, die sie nicht gewollt hatte, denn Schwangerschaft, das bedeutete doch Fehlgeburt, und sie hatte schon ihr Quantum an Fehlgeburten erlebt, seit zehn Jahre zuvor ihr einziges Kind zur Welt gekommen war. Pam hielt ihre Gefühle in den neun Monaten in Schach, auf den nächsten Verlust gefasst. Dann kam der Tag für den geplanten Kaiserschnitt. Der Operationskittel, die Schwestern, alles war so unwirklich. Das letzte Mal, als sie im Krankenhaus gewesen und auf eine Operation vorbereitet worden war, war nach einer Fehlgeburt gewesen. Ihr Mann und ihre Tochter waren ganz aufgeregt, aber Pam war innerlich wie taub. Noch konnte alles schiefgehen, noch lag das Baby nicht in ihren Armen.

Bald wurde auch ihr Körper taub, als die Ärzte ihr ein Beruhigungsmittel spritzten und dann eine Spinalanästhesie machten. Als diese Narkose voll wirkte, machten die Ärzte den Schnitt; Pam spürte nichts. Aber als sie dann den Kopf des Kindes aus ihrem Bauch hoben – sein Leib und die Beine waren noch drinnen – und Sarah Elizabeth den hohen, drängenden Neugeborenenschrei ausstieß, wurde Pam mit einem Mal hellwach: Dieses Baby, das gerade seine erste Luft einsog und seinen ersten Schrei tat, *war noch in ihr!*

Später, als die Schwester das gebadete und schön eingepackte Neugeborene in ihr Zimmer trug und in ihre Arme legte, begann die sonst so unemotionale Pam zu schluchzen. Die Schwangerschaft, die sie nicht gewollt hatte, war vorbei, das Kind, mit dem sie nie gerechnet hatte, war da, und Pam konnte nur weinen. Vor all ihren Besuchern – ihren Eltern, ihrem Mann, ihrer Tochter, den Schwestern – lag sie da und war überwältigt vor Glück: Das Kind war da, es war geschafft! Erst als Sarah Pams Brust suchte und zu saugen begann, als wollte sie nie mehr aufhören, hörte Pam auf zu weinen. Sie brauchte nicht mehr zu weinen, alles war gut.

Theresa Petersons Mann und die beiden älteren Kinder waren bei ihr, als sie in den Wehen lag. Ihre Schmerzen machten ihrem Sohn und ihrer Tochter Angst, aber als dann ihre neue kleine Schwester da war, wurden ihre Augen groß. Sie nahmen das Baby auf der Stelle in ihren Kreis auf und hielten und drückten es, als ob sie das ganze Leben nichts anderes gemacht hätten. Es war ein Wendepunkt für die ganze Familie. Theresa merkte: Nicht nur sie hatte ein Kind bekommen, die ganze Familie hatte ein neues Glied bekommen, einen neuen Menschen zum Annehmen und Liebhaben. Dieses kleine Mädchen wurde der Sonnenschein in ihrem Haus.

Das Erlebnis der Geburt ist für viele Frauen ein absoluter Höhepunkt im Leben. Aber nicht für alle. Bei manchen ist der Augenblick der Geburt keine Offenbarung, und die Freude kommt nicht sofort.

Jill Rohrer hatte Angst, als sie im Kreißsaal in den Wehen lag. Das hier hatte sie noch nie gemacht. Sie war neun Monate schwanger gewesen und wusste also einiges über das Schwangersein, aber sie wusste nichts über das Gebären, und jetzt war sie mittendrin. Und der Vater dieses Babys, den sie so gerne geheiratet hätte, hatte sich aus ihrem Leben verabschiedet. Ihr war weh vor Einsamkeit. Und die Wehen in ihrem Unterleib schienen diesen inneren Schmerz körperlich zu machen, immer länger und stärker wurden sie. Die Schwestern sprachen ihr Mut zu: „Bald ist das Baby da, geben Sie nicht auf, schön fest atmen …“ Nach einer besonders heftigen Wehe erwiderte Jill ihnen: „Sagt mir nicht andauernd, dass das Baby bald da ist! Ich will's nicht hören, dass ich ein Baby krieg'!“ Sie hatte immer noch Angst davor.

Jill hatte weitergearbeitet, bis sie in den Kreißsaal kam; ihre erste Stelle als Lehrerin und die bloße Anstrengung, gesund und auf den Beinen zu bleiben, hatten sie von früh bis spät beschäftigt gehalten. Sie hatte kaum Zeit gehabt, darüber nachzudenken, dass hier ein neuer Mensch unterwegs war. Und jetzt würde er jeden Augenblick da sein. *Ich bin noch nicht bereit,* dachte Jill. *Wie soll ich das bloß schaffen?* Sie hatte Träume gehabt, in denen sie eine Katze zur Welt brachte. *Ach, eine Katze,* hatte sie gedacht. *Das ist einfach, mit einer Katze werd ich fertig!* Aber das hier war kein Traum.

Nach langen Wehen war es endlich vorbei, und man legte ihr ihr kleines Mädchen in die Arme. Jill war wie betäubt. Sie sah das Kleine an und wusste: *Jetzt musst du lauter Glück und Liebe spüren, das ist ein Höhepunkt deines Lebens!* Aber sie spürte nichts als Einsamkeit und Müdigkeit. Und die ungeheure Last, dass sie dieses Kind allein würde erziehen müssen.

Shoshana war in den letzten beiden Schwangerschaftsmonaten fast mehr im Krankenhaus als zu Hause. Sie bekam immer wieder Wehen, die Wehen wurden stärker, bis sie nur noch drei bis fünf Minuten auseinander lagen, und Shoshana fuhr ins Krankenhaus, jedes Mal sicher, dass es so weit war. Dann, am 11. November, kamen die Wehen wieder, und diesmal war es wirklich so weit. Die Schwester im Krankenhaus wollte sie schon wieder wie üblich zurück nach Hause schicken (der Muttermund war immer noch lediglich auf drei Zentimeter geweitet, wie seit Wochen schon), aber dann ging plötzlich alles ganz schnell, und nach eineinhalb Stunden war das Baby geboren.

Shoshana ließ sich in die Kissen sinken. Fünf Sekunden und drei tiefe Atemzüge später reichte die Schwester ihr ihren neuen Sohn, Jayson. Sie füllte ihre Augen mit seinem winzigen Körper; wie schön und perfekt er war mit seinem dunklen Haar, den dunkelblauen Augen, den langen, schlanken Fingern. Als sie ihn in ihren Armen hielt, fühlte Shoshana sich erschöpft und leer. Dieser Augenblick hätte so ganz anders sein sollen – mit ihrem Mann an ihrer Seite. Aber er war im Irak, und sie war hier allein mit dem Kind. Es war irgendwie nicht richtig. Sie fühlte sich todtraurig.

Die 17-jährige Lori Harford hatte Angst, ihr Töchterchen anzuschauen, als die Schwester es an ihr Bett brachte. Dies war der Augenblick der Wahrheit. Hatte sie alles richtig gemacht während der Schwangerschaft? Wäre es ihre Schuld, wenn etwas nicht stimmte? Schön, sie war inzwischen mit Justin verheiratet und das Kind, das da unterwegs war, hatte ihrem Leben eine völlig neue Richtung gegeben, aber die Schuldgefühle und Zweifel waren noch da. Würde sie wirklich in der Lage sein, dieses Baby zu lieben und für es zu sorgen, wo sie doch selber noch fast ein Kind war? Als sie ihr Kariona in die Arme legten, wollte Lori so gerne, dass ihr das Herz überging vor Liebe (so hatte sie es von anderen Frauen gehört), aber sie war so müde und es gab so viele Fragezeichen. Wie sollte sie ihren Schulabschluss schaffen? Würde Justin genug Geld verdienen, um sie alle über die Runden zu bringen? Würden sie je ein wirklich eigenes Nest haben? Wie konnte sie einem Kind Mutter sein, wenn sie selber noch ihre eigene Mutter brauchte? So winzig ihr Kind war, es fühlte sich an wie Blei in ihren Armen.

Und ich selber? Ich wusste, wie es war, sich Hals über Kopf in ein Wesen, das gerade ein paar Minuten alt war, zu verlieben. Die Geschichte meiner ersten vier Geburten liest sich wie ein perfekter Frauenroman von der schmalzigsten Sorte – süßer Sturm der Gefühle, der sich kaum mit Worten wiedergeben lässt. Aber wie, um alles in der Welt, konnte ich bei meinen beiden Überraschungskindern das gleiche Hochgefühl verspüren, nach Schwangerschaften, die so voller Zweifel, Verzicht und Konflikten gewesen waren? Vor allem die sechste Schwangerschaft hatte mir fast mehr abverlangt, als ich geben konnte. Wie würde die Geburt sein?

Die Antwort erhielt ich am 23. November, einem Tag, der für mich aus mehr als einem Grund bedeutsam war. Als ich entdeckt hatte, dass ich wieder schwanger war, hatte der Arzt als Geburtstermin den 18. November errechnet. Ich weiß noch, dass mich das irritierte: so nahe an meinem Geburtstag! Je näher der Tag der Geburt kam, umso dringender wurden meine Gebete: „Gott, ich habe schon so viel aufgegeben, nimm mir bitte nicht auch noch meinen Geburtstag!"

Nun, mit meinem Geburtstag begannen auch die Wehen. Um fünf Uhr morgens war ich schon in der Klinik und schaute dem Zickzackspiel der Anzeige auf dem Bildschirm zu, während der Schmerz meinen Bauch zusammenzog. Ich wusste: Jetzt war es so weit, und es war gerade so, wie ich es geahnt und befürchtet hatte: Jetzt wäre *mein* Geburtstag für immer *sein* Geburtstag. Zwischen den Wehen, wenn ich Luft holte, dachte ich über die Wahrscheinlichkeit des Ganzen nach. Wie groß war die statistische Wahrscheinlichkeit, nacheinander fünf Jungen zu gebären? Oder mit Anfang Vierzig gleich zweimal ungeplant schwanger zu werden? Und wie groß war die Wahrscheinlichkeit, dass dieses Kind hier sich unter den 365 möglichen Geburtstagen im Jahr ausgerechnet den aussuchte, den ich für mich selber hatte behalten wollen?

Ich merkte, wie meine Irritation verflog. Das hier war so perfekt geplant, statistisch so unwahrscheinlich, so gegen jeden Zufall, dass ich nur kapitulieren konnte. Mein Geburtstag war das Letzte, an das ich mich geklammert hatte, und jetzt war auch er fort. Mein Ich war sozusagen ausgelöscht. Was konnte ich jetzt noch abgeben, wo alles weg war? (Aber da lag ich falsch.) Ein ehrfürchtiges Staunen packte mich. Woher hatte Gott gewusst, dass es all dies brauchen würde, damit ich endlich glaubte, endlich begriff, dass dieses neue Kind kein Unfall war, kein Fehler, keine Laune? Dass es nur für *mich* eine Überraschung war, aber mitnichten für Gott?

Er war auch gnädig, dieser Tag. Die Wehen waren die kürzesten und am wenigsten schmerzhaften von allen meinen Geburten. Duncan und meine Schwägerin Beth waren da. Ich bekam weder einen Dammriss noch allzu starke Blutungen.

Ich weiß nicht mehr genau, was ich fühlte, als sie mir Micah frisch aus meinem Leib auf meine Brust legten, aber der Augenblick ist auf einem Foto festgehalten, das meine Schwester damals schoss: Ein blasses, pummeliges Baby liegt aufrecht in den Händen des Arztes. Es sind gerade ein, zwei Sekunden vergangen, seit es aus mir herausgerutscht, von geübten Händen aufgefangen und zu mir hochgehoben worden ist. Auf meinem Gesicht steht noch der Schock der Erleichterung geschrieben, das plötzliche Aufhören der Schmerzen, der erste Atemzug, den ich für mich alleine mache. Und während dieses Atemzugs ist dieser kleine Junge da, sein einer Arm geht nach oben, die Finger öffnen sich vor meinem Gesicht, suchend. Ich habe diesen Gruß damals fast nicht registriert, es ging alles so schnell. Ich wusste nur: *Jetzt ist er da, dies ist mein Sohn, er braucht mich, und ich nehme ihn an.*

Ihr Kind liegt also in Ihren Armen. Schon bevor es kam, kannte es den Klang Ihrer Stimme, den Rhythmus Ihrer Sätze, das Wiegen Ihrer Hüften, wenn Sie gehen. Es kennt Sie, und es liebt Sie. Mit all seinen Bedürfnissen, mit allen Sinnen, mit allem, was es hat, liebt es Sie – weil *Sie ihm sein Leben gegeben haben.* Sie *sind* sein Leben.

Aber vielleicht wissen Sie, während Sie Ihr Neugeborenes im Arm halten, dass es bald in den Armen einer anderen Frau liegen wird. Sie haben dieses Kind neun Monate lang getragen, Sie haben es zur Welt gebracht. Lieben Sie es jetzt? Wie kann man jemanden lieben, den man gleich abgeben wird? Aber Liebe ist viel mehr als ein Gefühl, sie ist vor allem das, was wir *tun.* Sie sind dabei, einem Paar, das keine Kinder bekommen kann, eine Familie zu schenken. Sie öffnen Ihrem Kind eine Zukunft, die Sie ihm aus eigener Kraft nicht bauen könnten. Sie tun dieses Schwere, *weil Sie dieses Kind lieben.*

Wenn Sie Ihr Kind nicht zur Adoption freigeben, sondern mit nach Hause nehmen, sind diese Minuten direkt nach der Geburt Ihre erste Gelegenheit, es willkommen zu heißen. Sie *fühlen* sich aber nicht so, Sie spüren nur eine ungeheure Müdigkeit? Das ist ganz in Ordnung. Sie haben ja gerade das Schwerste und Größte vollbracht, dessen ein Mensch fähig ist; Sie haben ein neues Leben zur Welt gebracht. Drücken Sie Ihr Kind so lange an sich, wie Sie es brauchen in diesen ersten Minuten, und dann schlafen Sie.

Keine Sorge, dies ist Ihre erste Gelegenheit, nicht die letzte. Es liegen so viele andere Gelegenheiten vor Ihnen, wo Sie „Ja" zu Ihrem neuen Sohn oder Ihrer Tochter sagen können. Jeder Morgen, ja jeder Augenblick bringt die nächste. Ich weiß, wir hätten gerne eine plötzliche Flutwelle der Gefühle, einen Schwall der Zärtlichkeit, der uns hier und jetzt, mit dem Kind in unseren Armen, wegreißt ins Land der Mutterliebe. Aber es muss nicht immer ein Schwall sein. Das Wasser kann auch tröpfeln, leise rinnen, langsam höher steigen im Laufe der Tage und Wochen, bis wir anfangen, dieses Gefühl „Liebe“ zu nennen. Und es wird weiter steigen, immer tiefer und breiter werden, bis wir es eines Tages ohne jeden Zweifel wissen: Dies *ist* Liebe, eine tiefere Liebe, als wir sie je zuvor gekannt haben. Sie ist zu jeder Frau in diesem Buch gekommen. Sie wird auch zu Ihnen kommen.

Und jetzt: Ruhen Sie aus, erholen Sie sich, in dem Wissen, dass Sie eine mutige und starke Frau sind. Das ist jede Frau, die ein Kind zur Welt gebracht hat, aber Sie haben noch mehr getan: Sie haben sich nicht von der Angst besiegen lassen. Sie haben nicht auf die Stimmen gehört, die Ihnen vorschlugen, ja Sie vielleicht drängten, diese Schwangerschaft abzubrechen. Sie haben Ihr Leben geändert, haben auf manches verzichtet, um diesem Kind Licht und Luft geben zu können. Und jetzt sehen Sie, dass die Arbeit und das Opfern sich gelohnt haben, denn Sie halten dieses Kind in den Armen – wunderbares Fleisch von Ihrem Fleisch und Bein von Ihrem Bein. Und da ist noch mehr: Sie selber sind gewachsen. Sie sind robuster und kreativer, weiser und tiefer als die Frau, die vor 40 Wochen mit ungläubigen Augen den Teststreifen anstarrte. Sie sind weit gereist und haben viel vollbracht. Jetzt dürfen Sie sich ausruhen.

Nach der Geburt

Während Ihrer Schwangerschaft hat Ihr Körper vierzig Wochen lang rund um die Uhr gearbeitet, damit Ihr Kind wachsen konnte. Jetzt, wo es endlich da ist und Ihr Körper anfängt, sich von der Schwangerschaft, den Wehen und der Geburt zu erholen, wartet die nächste Arbeit auf Sie.[16]

Bringt meine Söhne und Töchter auch aus den fernsten Winkeln der Erde zurück! Denn sie alle gehören zu dem Volk, das meinen Namen trägt. Ich habe sie zu meiner Ehre geschaffen, ja, ich habe sie gemacht. (Jesaja 43,6-7)

Die Schwangerschaft ist vorbei! Noch ist Ihr Körper nicht wieder ganz Ihr eigener, Sie kennen ihn noch nicht wieder. Ihre Brüste sind voller Milch und gehören jetzt jemand anderem. Auch Ihre Zeiteinteilung. Vielleicht müssen Sie sich von einem Dammriss erholen. Oder von einem Dammschnitt oder Kaiserschnitt.

Aber alles ist anders geworden, ein neues Kapitel, ja eine neue Geschichte beginnt. Und dieser Beginn ist so viel greifbarer als der erste. Der erste Beginn war ebenfalls real: die Befruchtung, das Wachsen des Kindes in Ihrem Bauch, Monat um Monat, zum Schluss das unglaubliche Erlebnis der Geburt. Aber jetzt, wo Sie Ihr Kind in den Armen halten, wissen Sie: All das war nur ein Aufwärmen, eine Einleitung, die eigentliche Geschichte beginnt jetzt.

Dieser Beginn wird nicht einfach sein. Vielleicht wird er Ihnen sogar als das schwerste Kapitel von allen vorkommen, mit seinen halb durchwachten Nächten, dem ständigen Füttern und Stillen, dem ständigen Sorgen für ein Neugeborenes. Aber mit jeder Woche und jedem Monat wird es ein wenig besser, ein Stückchen einfacher. Ich habe dies sechsmal hinter mich gebracht und kann Ihnen versichern, dass dieser Satz nicht ein Klischee zur Beruhigung gestresster Mütter ist, sondern wahr. Eine große Unterstützung kann in dieser Zeit Ihre Hebamme sein.

Was ist möglich für Sie und Ihr neugeborenes Kind? Alles. Ich weiß das, weil ich es selber erlebt habe. Und weil die Frauen es erlebt haben, die ich die letzten vier Jahre beobachtet und mit denen ich gesprochen habe – lauter Frauen, die seit der Geburt ihres Überraschungskindes leben und wachsen und blühen. Auch die, die sich am meisten gegen ihre Schwangerschaft gewehrt hatten. Hören Sie, was aus einigen dieser Frauen und aus ihren Kindern geworden ist. Lassen Sie es sich von ihnen selber erzählen.

Die Tochter von *Lori Harford*, Kariona, ist jetzt 18 Monate alt und hat schwarzes Haar und tiefblaue Augen. Lori genießt jeden kleinen Fortschritt, den Kariona macht – ihr erstes Lächeln mit drei Monaten, das erste Wort, das sie sprach, ihr erstes Greifen nach einem Spielzeug. „Jedes Mal, wenn sie etwas Neues macht, singt mein Herz. So eine Freude über ein Kind erlebt nur eine Mutter oder ein Vater.“ Und Lori staunt auch, wie sie selber sich seit Karionas Geburt verändert hat. „Eine Freundin hat mir von ihrer Abtreibung erzählt. Sie sagte, sie war zu egoistisch, um Sachen für das Baby anstatt für sich selber zu kaufen, und da merkte sie, dass sie nicht für ein Kind bereit war. Ich dachte immer, bei mir wäre es genauso, aber wenn das Kind dann da ist, wird alles anders. Jetzt kaufe ich Kariona schöne Sachen zum Anziehen, und ich selber bin nicht mehr so wichtig. Es wird alles anders."

Jill Rohrer ist nicht mehr eine alleinerziehende berufstätige Mutter. Vier Jahre nach der Geburt von Ashley heiratete sie Dan. Heute ist Ashley eine selbstbewusste Achtjährige im dritten Schuljahr und die stolze große Schwester von Emily und Mary.

„Ashley hat mir so viel gegeben, was ich nie erwartet hätte. Sie hat mir gezeigt, wie selbstsüchtig ich sein kann. Und wie selbstlos. Manchmal bin ich bereit, alles für sie zu tun, und dann gibt es wieder Augenblicke, wo das, was sie braucht oder will, das Letzte ist, woran ich denke. Durch sie habe ich gelernt, dass Liebe beides ist: ein Willensakt und ein Gefühl, und dass der Wille konstant bleibt, während die Gefühle kommen und gehen. Es macht mich so demütig und ich fühle mich so beschenkt, dass Gott mir dieses Mädchen für sein Leben hier auf der Erde anvertraut hat."

Bei *Michaela Schwarz* bedeutete die unerwartete Schwangerschaft, dass sie drei Kinder unter vier Jahren haben würde. Es war einer der schwersten Abschnitte in ihrem Leben. Heute ist ihre Tochter zweieinhalb Jahre alt.

„Gott wusste, was er tat, als ich Becca bekam. Zwischen uns ist ein ganz besonderes Band, weil wir so viel hinter uns haben – diese ganze Phase, wo ich dachte, dass ich sie nicht wollte. Wenn ich sie anschaue, sehe ich mich selber. Sie hat meine Persönlichkeit – mal diese Impulsivität, dann wieder diese Behutsamkeit. Und auch in ihrem Gesicht finde ich mich selber wieder. Ihre Augen haben so ein gewisses Etwas. Es packt mich jedes Mal. Das ist nicht einfach ein Kind, das ist Gottes Geschenk. Dieses Band zwischen uns wird immer da sein. Ich würde Becca gegen nichts auf der Welt tauschen."

Shoshana muss noch über eineinhalb Jahre allein vier Kinder aufziehen, während ihr Mann im Irak ist. Jayson hat oft Koliken und Shoshana ist erschöpft. „Ich sorge für dieses Kind, aber die Liebe ist nur zögernd gekommen. Ich habe so viel um die Ohren. Mein Mann ist weg, die anderen Kinder brauchen mich, ich kriege nicht genug Schlaf. Erst jetzt, wo Jayson fünf Wochen alt ist, dämmert es mir allmählich, wie furchtbar es wäre, wenn ihm was passieren würde. Ich bin emotional, geistig und körperlich am Rande meiner Kraft, ich mache weiter wie ein Roboter. Aber jetzt habe ich angefangen, meine Kraft von Jayson zu bekommen. Er ist etwas so Kostbares in meinem Leben, und ich weiß, ich werde es schaffen."

Trisha hat weiter viel Freude an ihrer Katrina, die jetzt drei Jahre alt ist. „Ich hatte schier meine Identität verloren in dieser Jungenwirtschaft zu Hause. Katrina ist eine Gebetserhörung. Ich komme mir vor, als ob ich durch sie mich selber wiedergefunden habe. Es ist okay, eine Frau zu sein, es ist okay, zu weinen oder sich aufzuregen. Sie hat unser Haus viel weicher gemacht. Die Jungen lernen es, besser mit Mädchen umzugehen. Im Rückblick kann ich echt sagen, ich bin froh, dass wir noch ein Kind bekommen haben, auch wenn es am Anfang nicht leicht war. Früher fehlte Steve und mir etwas. Jetzt nicht mehr."

Mariannes Tochter Laurel überlebte die Abtreibung, zu der Marianne mit 16 Jahren gezwungen worden war, wie ich schon erzählt habe. Um für ihr Kind und sich selber zu sorgen, eröffnete Marianne mit 18 Jahren im Haus ihrer Eltern ein kleines

Geschäft. Das Geschäft blühte, und nach ein paar Jahren konnte sie ein richtiges Ladenlokal mieten. Laurel hat vor kurzem ihr Studium an einer angesehenen Universität mit Auszeichnung abgeschlossen. Sie wohnt teils in der Dominikanischen Republik, teils in den USA und wird demnächst heiraten. Marianne sagt über ihre Tochter: „Ich bin echt stolz auf Laurel und alles, was sie geschafft hat. Sie hat mich richtig glücklich gemacht." Marianne selber ist inzwischen verheiratet, erzieht die nächsten beiden Kinder und leitet zusammen mit ihrem Mann eine gut gehende Firma.

Michele Gonzales' Sohn Levi ist heute vier Jahre alt. „Ich bin so froh, dass wir ihn gekriegt haben. Erst wollten wir ja kein Kind mehr, aber jetzt empfinde ich es als so ein Geschenk, dass ich noch einmal Mutter sein darf, zum letzten Mal. Seit er da ist, sind wir sesshafter geworden und reisen nicht mehr so viel durch die Gegend; das ist ein heilsamer Zwang. Levi ist kein Engel, er kann sogar ein richtiges Aas sein. Ich glaube, wir haben ihn alle verwöhnt. Aber zurzeit ist er von meinen Kindern dasjenige, das mich am meisten liebt. Wenn ich aus dem Haus gehe, muss er mir unbedingt hinterherrennen und mir einen Abschiedskuss geben. Am liebsten würde er überallhin mit mir gehen. Er ist mein kleiner Begleiter."

Die beiden Söhne von *Randi* sind jetzt 15 und beide auf der Highschool. Randi hat sie alleine großgezogen, während sie ihre volle Stelle als Lehrerin beibehalten hat. Geheiratet hat sie nie. „Als sie klein waren, hab ich nie in Selbstmitleid gemacht oder mich einsam oder verzweifelt gefühlt. Ich habe gedacht: *Das schaffst du schon.* Dass sie mich so brauchten, hat mir nie Angst gemacht. Sie gaben mir einen Grund, weiterzuleben; mit ihnen war ich nicht mehr einsam.

Jetzt, wo sie Teenager sind, ist es schwerer. Ich habe nie bereut, dass ich sie bekommen habe, wohl aber, dass sie keinen Vater hatten. Je älter sie werden, umso mehr wollen sie einen Vater. Das ist ein echter Kampf für mich. Aber andererseits weiß ich, dass sie ein Geschenk Gottes sind. Ich wusste das schon in dem Augenblick, wo ich merkte, dass ich schwanger war. Fast habe ich den Eindruck, dass Gott damals zu mir heruntersah und Erbarmen mit mir hatte. Ich glaube, er wusste, dass ich mein ganzes Leben ohne Mann leben konnte, aber dass ich so gerne ein Kind wollte. Statt einem hat er mir gleich zwei gegeben."

Was wurde aus *Linda Ross*, die nach einer Vergewaltigung schwanger wurde, das Kind zur Welt brachte und an eine Adoptionsagentur gab? Wie hat diese Geschichte, die so schmerzlich begann, geendet? Dreißig Jahre, nachdem sie die Papiere unterzeichnet hatte, als ihre drei Kinder, die sie mit ihrem Mann Alan hat, erwachsen und aus dem Haus waren, begann Linda die Suche nach ihrer Tochter. Die Suche dauerte nicht lange; schon bald trafen sich Mutter und Tochter.

„Am Samstagmorgen fuhren Alan, unsere großen Kinder und ich zum Flughafen, um Stacey und ihren Mann abzuholen. Ich war völlig fertig, ich weinte und weinte und konnte nicht aufhören. Ich heulte, als ich aus dem Auto ausstieg; ich heulte, als wir in den Flughafen gingen. Und dann kam sie durch die Tür, und ich erkannte sie sofort. Die ersten zwei Minuten waren wir etwas verlegen, dann nicht mehr. Wir hielten uns weinend in den Armen. Dann stellten wir sie allen vor und standen etwas zusammen. Dass das hier *wirklich* war, dass ich meine Tochter sehen und berühren und umarmen konnte, es war unglaublich. Es war wie ein Nach-Hause-Kommen.

Ich muss heute immer wieder an die Verse aus dem 126. Psalm denken, die ich an dem Abend, bevor sie geboren wurde, unterstrichen hatte: ‚Die mit Tränen säen, werden mit Freuden ernten. Sie gehen hin und weinen und streuen ihren Samen und kommen mit Freuden und bringen ihre Garben.' (Lutherbibel; d. Übers.) Jedes Mal, wenn ich darüber nachdenke, staune ich nur so, wie Gott alles geführt hat. Er hat aus Asche Freude wachsen lassen. Wenn ich an die Vergewaltigung und all das Schlimme zurückdenke, dann denke ich wie einst Josef im Alten Testament, dass die Menschen es böse mit mir meinten, aber dass Gott es gut meinte. Er hat aus Bösem Gutes kommen lassen."

Für mich war und ist der Weg nicht immer leicht; ich will Ihnen da nichts vormachen. Aber seit der Geburt meiner beiden Jüngsten habe ich so viele Überraschungen erlebt, so viel, was ich nicht erwartet hatte. Immer wieder komme ich an meine Grenzen, nur um zu erfahren, dass ich mehr schaffe, als ich für möglich hielt. Meine neue berufliche Tätigkeit entwickelt sich gut, und meine älteren Kinder haben Behutsamkeit gelernt und eine neue Art Liebe. Und meine beiden Überraschungskinder, sie überraschen mich immer wieder. Da ist der dreijährige Abraham untröstlich und weint – und sein Bruder Micah, der ganze 19 Monate alt ist, wackelt zu ihm hinüber und bietet ihm eine Handvoll zermatschte Banane an. Abraham nimmt die Banane, schluckt, hört auf zu weinen und umarmt seinen kleinen Bruder, als ob er ihn nie mehr loslassen wollte. Letzte Woche rannte der mittlerweile fast zweijährige Micah zu seinem 88 Jahre alten Opa, der gerade aufgestanden war und an seinem Stock aus dem Zimmer gehen wollte. Micah griff mit seiner winzigen Hand nach der Hand seines Großvaters, und mit geduldig-konzentrierter Miene führte er ihn langsam und vorsichtig zur Tür.

Dies sind nur einzelne Augenblicke. Mein ganzes Leben ist durchdrungen von den Überraschungen und Wundern, die diese beiden Jungen in mein Leben gebracht haben und die ich so gar nicht erwartet hatte. Ich staune nur so, wenn ich sehe, wie sie aufwachsen und zu Menschen werden, die ganz anders sind als meine übrigen Kinder, Individuen, die es nur einmal gibt: Abraham der weichherzige, der mir jeden Tag Blumen und fröhliche Lieder schenkt, und Micah Löwenherz, der mit gleicher Leidenschaft lieben und kämpfen kann.

Wir alle in diesem Buch möchten Ihnen bezeugen: Jawohl, der Tunnel ist lang und verwinkelt, aber am Ende ist das Licht. Es *ist* möglich, Freude zu finden und Freude zu schaffen. Und vielleicht ist es umso schöner, weil wir nicht damit gerechnet hatten. Wir hatten nicht gedacht, dass wir dieses unerwartete Kind so lieben würden. Auch nicht, dass es uns so lieben würde. Wir haben die Arbeit gesehen, die dieses Kind uns bringen würde, die Mühen und Verwicklungen in unserem Leben, aber wir vergaßen die Liebe – die Wange dieses Kindes an der unseren, sein an unserer Brust vergrabenes Gesicht, während es trinkt, sein erstes: „Mama, Mama!"

Aber noch mehr staune ich über die Kraft und Energie jedes einzelnen Menschenlebens. Wir hätten dieses Leben in ein paar Minuten beenden können, ohne Zeugen, allein ein Arzt hätte es gewusst. Und dann hätten wir unser Leben weiterleben können wie geplant, hätten sagen können: „Mein Bauch und meine Zukunft gehören mir!" Aber wer kann zählen oder ermessen, was wir verloren hätten? Manchmal, wenn ich Abraham und Micah zuschaue, versuche ich es und stelle fest: Ich hätte all das verloren, was diese Kinder sind und noch sein werden, den riesigen Raum, den sie jetzt schon in dieser Welt ausfüllen. Ich hätte auch einen Teil von mir selbst verloren – all das, was durch diese Kinder stärker geworden ist. Und meine älteren Kinder hätten diese kleinen Brüder, die sie so lieben, verloren. Alles, was mir geblieben wäre, wäre das lebenslange Grübeln darüber gewesen, was aus diesen Kindern hätte werden können, wenn … Jetzt brauche ich nicht zu grübeln, sondern staune jeden Tag neu darüber, was sie sind.

Danke!

Hinter jedem Buch liegt eine Geschichte des Entstehens, die gerade so wunderbar und schmerzlich ist, so voller Geheimnisse und Mühen wie die Entstehung jedes Kindes. Diese Seite, die Sie gerade lesen, ist eine Kurzfassung des wichtigsten Teils dieser Geschichte, die mit all den Frauen beginnt (insgesamt fast vierzig), die mir ihre eigene Geschichte einer unerwarteten Schwangerschaft anvertrauten. Manche hießen mich bei sich zu Hause willkommen, als sie noch im Pyjama dasaßen und ihr Neugeborenes stillten; manche öffneten ihre Tür und ihr Leben einer Wildfremden. Einige erzählten von Gefühlen und Wunden, über die sie noch mit niemandem gesprochen hatten. Alle erinnerten sie sich nur zu gut daran, wie einsam sie sich während der Schwangerschaft gefühlt hatten, und freuten sich über die Gelegenheit, den Schleier der Einsamkeit und des Schweigens für andere Frauen zu lüften. Ohne sie hätte ich dieses Buch nicht schreiben können.

Andere Menschen, die eine wichtige Rolle bei diesem Buch spielten:

Luci Shaw, deren Leben und Arbeit ich seit langem bewundere, hat die richtigen Worte im richtigen Ton zur richtigen Zeit gesprochen. Danke für alles Ermutigen!

Elisa Stanford, meine geschätzte Lektorin und neue Freundin, hat vom ersten Augenblick an an dieses Buch geglaubt und mit großer Geduld diese Worte ins Leben gehoben. Dies ist auch dein Buch!

Anhang

Fragen für Einzelne und Gruppen

Die folgenden Fragen können Ihnen vielleicht beim Nachdenken und Reden über Ihre eigene Reise durch eine unerwartete Schwangerschaft helfen. Sie eignen sich gut zum Durcharbeiten in einer Gruppe, die sich einmal in der Woche oder im Monat zum Beispiel in einem Schwangerschaftszentrum, kirchlichen Räumen oder einem Privathaus trifft. Wenn es so eine Gruppe in Ihrer Nähe noch nicht gibt, warum fangen Sie nicht eine an? Alles, was Sie dazu brauchen, ist dieses Buch und die Fragen, die Sie gerade lesen; das Weitere ergibt sich von selber.

Doch Sie können diese Fragen auch alleine für sich selber durcharbeiten, in ein paar ruhigen Stunden zu Hause. Wenn Sie sie so ehrlich wie möglich beantworten, kann dies den Weg, der vor Ihnen liegt, deutlicher machen. Ich wünsche es Ihnen von Herzen.

Die Fragen gehen an den einzelnen Schwangerschaftsmonaten entlang.

1. Schwangerschaftstest

1. Wann hatten Sie zum ersten Mal den Verdacht, dass Sie schwanger sind?
2. Wie hat sich dieser Verdacht bestätigt?
3. Was waren anschließend Ihre ersten Gedanken und Ängste?
4. Es kann sein, dass Sie gerade mit starken Wut- oder Schuldgefühlen kämpfen. Oder einen Schuldigen suchen. Für die meisten Frauen ist das die schwierigste Phase von allen. Ver-

suchen Sie gar nicht erst, sie alleine durchzustehen, sondern suchen Sie einen Menschen, der diese Gefühle versteht und vor dem Sie sie äußern können. Wenn irgend möglich, suchen Sie jemanden, der mit Ihnen und für Sie beten kann. Egal, wie Ihre Gefühle zurzeit sind, es gibt Hoffnung! Wenn Sie nicht wissen, was Sie machen wollen, finden Sie vielleicht die richtige Adresse im Serviceteil am Schluss dieses Buches.

2. Wie sage ich es?

1. Haben Sie den Menschen, die davon wissen sollten, schon von Ihrer Schwangerschaft erzählt? Wenn nicht – was hält Sie davon ab? Haben Sie es schon dem Vater des Kindes erzählt, und wie hat er reagiert? War es die Reaktion, die Sie sich gewünscht hatten?
2. Wie haben die übrigen Leute, denen Sie etwas von der Schwangerschaft gesagt haben, reagiert? Wie haben Sie diese Reaktionen empfunden?
3. Was meinen Sie: Warum haben Ihre Verwandten und andere Menschen so reagiert, wie sie reagiert haben? Wie sieht ihre Perspektive wohl aus?
4. Wenn Ihre Mitmenschen merken, dass Sie schwanger sind, beginnen die (nicht immer taktvollen) Bemerkungen und Kommentare. Was für Bemerkungen haben Sie bisher gehört? Üben Sie, ehrlich, aber höflich darauf zu antworten.
5. Machen Sie sich eine Liste der Menschen, die Ihre Entscheidung, das Kind zu behalten (oder es zur Adoption freizugeben), unterstützen. Fragen Sie sie, ob Sie sich an sie wenden dürfen, wenn Sie Hilfe oder moralische Unterstützung brauchen. Sie kennen niemanden, der Ihnen helfen kann?

Dann schauen Sie doch in die Liste der Kontaktadressen im Serviceteil am Schluss des Buches. Sicher werden Sie dort fündig. Es gibt mehr Menschen, als Sie denken, die Sie zwar nicht kennen, Ihnen aber trotzdem gerne helfen.

3. Herztöne

1. Haben Sie schon die Herztöne Ihres Kindes gehört?
   a) Wenn ja: Wie viele Wochen mussten Sie bis dahin warten? Beschreiben Sie diese Zeit des Wartens.
   b) Falls nein: Wie viele Wochen müssen Sie voraussichtlich noch warten? Schildern Sie, wie dieses Warten sich anfühlt.
2. Wie war es, als Sie zum ersten Mal den Herzschlag Ihres Kindes hörten? Hat das die Art, wie Sie Ihre Schwangerschaft empfanden, geändert? Oder die Art, wie Sie Ihren Körper empfanden?
3. Sobald die Herztöne des Kindes hörbar sind, sinkt das Risiko einer Fehlgeburt beträchtlich. Wie finden Sie das?

4. Platz machen

1. Ihr Bauch und Ihr Kind wachsen jeden Tag. Wie kommen Sie mit den Veränderungen Ihrer Figur zurecht?
2. Nennen Sie einige Ihrer Ängste im Blick auf die Schwangerschaft und Ihre Figur.
3. Schauen Sie sich das Kapitel noch einmal an und machen Sie eine Liste der Strategien, die die Frauen benutzt haben, um besser auszusehen bzw. sich in ihrer Haut wohler zu fühlen. Welche dieser Strategien wären etwas für Sie? Was könnten Sie sonst noch tun, um mit den Veränderungen Ihrer Figur besser zurechtzukommen?

4. Reden Sie mit ein paar Müttern, die Schwangerschaftsvorbilder für Sie sind. Fragen Sie sie, was sie während der Schwangerschaft und danach getan haben, um gesund zu bleiben und eine positive Einstellung zu haben.

5. Blick nach innen

1. Was für Tests und Untersuchungen haben Sie während Ihrer Schwangerschaft schon machen lassen? Sprechen Sie mit einer Person Ihres Vertrauens darüber, wie viele und welche Untersuchungen Sie wünschen.
2. Haben Sie schon einmal eine Ultraschalluntersuchung gehabt, oder eine Fruchtwasseruntersuchung (Amniozentese)? Wenn ja, wie haben Sie sich gefühlt, als Sie diese neuen Informationen über das Baby bekamen?
3. Was hat Sie am meisten überrascht, als Sie Ihr Kind sahen und hörten?
4. Falls Sie nach den Untersuchungen schon das Geschlecht Ihres Kindes wissen: Wie hat dies Ihren Umgang mit dieser Schwangerschaft beeinflusst? Sind Sie vielleicht enttäuscht? Dann ist es umso besser, dass Sie das Geschlecht jetzt schon wissen, sodass Sie sich auf Ihren Sohn/Ihre Tochter einstellen können. Jedes der Geschlechter hat seine Vorteile: Ihre Tochter bekommt einen Bruder, Ihre Mutter eine Enkelin, Ihr Mann einen Sohn usw. Es ist immer etwas Gutes in dem Geschlecht eines Kindes, auch wenn Sie dieses Gute manchmal erst später merken.
5. Wird Ihr Kind möglicherweise krank oder behindert sein? Dann suchen Sie einen Menschen, mit dem Sie darüber reden und beten können. Jede Mutter, deren ungeborenes Kind Gesundheitsprobleme hat, trauert um das gesunde

Kind, das sie jetzt nicht bekommen wird. Es kann sogar Stunden geben, wo sie dieses kommende Kind ablehnt. Bei einem eigentlich nicht gewollten Kind kann diese Trauer bzw. dieses Ablehnen besonders stark ausfallen. Seien Sie sich dessen bewusst und suchen Sie sich jemanden, vor dem Sie Ihre Gefühle ganz offen ausdrücken können, wenn Ihnen danach zumute ist.

6. Noch einmal von vorne, bitte!

1. Das Leben als Linie, die nach oben zeigt, in die Richtung Ihrer Pläne für die Zukunft: Wo waren Sie auf Ihrer Lebenskurve, bevor Sie herausfanden, dass Sie schwanger waren?
2. Falls Sie schon Kinder haben: Was an diesem „Noch einmal von vorne, bitte!" ist am schwersten für Sie? Gibt es etwas, bei dem Sie den Eindruck haben, dass Sie es bei diesem neuen Kind vielleicht anders machen sollten (z. B. es länger stillen, weniger arbeiten, es mehr – oder weniger – von anderen betreuen lassen, sich weniger verrückt machen)?
3. Unsere Kultur definiert „Erfolg" vor allem über Geld, Einfluss und Unabhängigkeit. Gibt es andere Erfolgskriterien, die vielleicht wichtiger sind? Welche?
4. Sind Sie in Bezug auf diese anderen Erfolgskriterien zurzeit da, wo Sie gerne wären? Wie könnten Sie im Laufe dieser Schwangerschaft und dann später bei der Erziehung dorthin kommen?

7. Durchhalten

1. Sehr wahrscheinlich gibt es Menschen in Ihrer Umgebung, die Sie beobachtet haben – und die es bewundern, wie Sie trotz Ihrer so gar nicht idealen Umstände diese Schwanger-

schaft durchhalten. Nennen Sie einige der Schwierigkeiten, mit denen Sie während Ihrer Schwangerschaft fertig werden mussten.

2. Was meinen Sie: Was fällt Ihren Mitmenschen an Ihnen positiv auf? Was bewundern sie an Ihnen?
3. Was für Hilfen und Strategien haben Sie benutzt, um in Ihrer Schwangerschaft so weit zu kommen?
4. Was für andere Hilfen und Strategien brauchen Sie jetzt, wo die Geburt bevorsteht? Stellen Sie eine Liste der Dinge zusammen, die Sie jetzt brauchen bzw. sich besorgen müssen (Pampers, Babykleidung, moralische Unterstützung usw.). Falls Sie sich noch keine Gedanken über die Wehen und die Geburt gemacht haben, können Sie die im Anhang dieses Buches aufgelisteten Bücher konsultieren. Sorgen Sie auch dafür, dass Sie mindestens eine Person (besser zwei) haben, die bereit ist, während der Wehen und der Geburt bei Ihnen zu sein.
5. Suchen Sie sich eine Hebamme und machen Sie mit ihr für die nächste Zeit einen ersten Termin zum Kennenlernen. Schauen Sie sich das Krankenhaus an, in dem Sie Ihr Kind zur Welt bringen wollen, und melden Sie sich für die Geburt an.

8. Countdown

1. Veränderungen in seinem Leben vorzunehmen, ist nie einfach, und eine stressige Schwangerschaft kann es noch schwieriger machen. Aber die Schwangerschaft kann Ihnen helfen, rasch Entscheidungen zu treffen und umzusetzen. Die Geburt lässt sich nicht aufschieben, und Ihre Entscheidungen betreffen ein neues Menschenleben. Schildern Sie (laut oder schriftlich) in ein paar Sätzen, was für eine Mutter Sie Ihrem Kind, das da unterwegs ist, sein wollen.

2. Was müssen Sie in Ihrem Leben ändern, damit Sie diese Art Mutter werden können? Vielleicht hilft es Ihnen, eine Liste zu schreiben.
3. Was für Veränderungen können Sie alleine vornehmen, und wo brauchen Sie Hilfe?
4. Reden Sie mit einer kompetenten Person (z. B. Familienberater, Seelsorger oder jemand in einer Schwangerschaftsberatungsstelle) über den nächsten Schritt, den Sie tun müssen.

9. Geburt

1. Sie haben Ihr Baby schon? Herzlichen Glückwunsch zu dieser großen Leistung! Wie haben Sie die Geburt erlebt?
   a) Worauf waren Sie nicht vorbereitet? Was war anders, als Sie erwartet hatten?
   b) Ist das Kind so, wie Sie es sich vorgestellt hatten?
   c) Wie haben Sie sich gefühlt, als Sie Ihr Kind zum ersten Mal im Arm hielten? Voller Liebe, wie Pam? Oder ging es Ihnen mehr wie Lori und Jill, die sich direkt nach der Geburt nur müde, unsicher und einsam fühlten? Erläutern Sie.
   d) Wenn Sie dieses Kind behalten wollen, hat Ihr neues Leben als seine Mutter gerade erst begonnen. Was möchten Sie in diesem Leben anders machen als bisher? Schreiben Sie es auf ein besonderes Blatt Papier oder ins Tagebuch und bewahren Sie dieses gut auf, als Erinnerung daran, was für eine Mutter Sie diesem Kind sein möchten.
2. Sie haben Ihr Kind noch nicht bekommen? Was für Sorgen treiben Sie um, wenn Sie an die kommende Geburt denken? Können Sie mit Ihrem Partner offen über Ihre Ängste reden? Wie fühlt *er* sich?

3. Sprechen Sie mit einer oder mehreren Müttern, die für Sie ein Vorbild sind. Fragen Sie sie, wie sie die Geburt ihrer Kinder erlebt haben, und sagen Sie ihnen, wovor Sie Angst haben.

Fragen für Paare

Die folgenden Fragen wollen Ihnen und Ihrem Partner helfen, sich über diese unerwartete Schwangerschaft auszutauschen. Sie befinden sich beide in einer schwierigen Phase. Wenn Sie die Fragen ehrlich durcharbeiten und Ihre Antworten gegenseitig respektieren (auch dann, wenn sie bei Ihrem Partner ganz anders ausfallen als bei Ihnen selber), werden Sie einander besser verstehen lernen. Das beste Geschenk, das Sie dem Kind, das da unterwegs ist, machen können, ist, dass Sie als seine Eltern an einem Strang ziehen.

1. Schwangerschaftstest

1. Die Angst vor einer ungewollten Schwangerschaft, und dann der Test, der sie bestätigt – dies ist für viele Paare mit das Härteste, was passieren kann. Als die Bestätigung kam, haben Sie womöglich ganz unterschiedlich reagiert. Was waren Ihre persönlichen Gedanken und Ängste? Erklären Sie einander, was Sie gefühlt und warum Sie so reagiert haben, wie Sie reagiert haben.
2. In dieser Phase ist es völlig normal, wenn man Schuldgefühle hat – oder die Schuld beim anderen sucht („Du hast nicht auf deinen Zyklus geachtet"; „Warum hast du nicht aufgepasst/die Sterilisation nicht eher machen lassen?"). Doch Tatsache ist: Sie *beide* sind an der Entstehung dieses Babys beteiligt. Schuldgefühle nehmen Ihnen nur Ihre Kraft und Ihre Hoffnung, und das Schuldverschiebespiel ist Gift für die Einigkeit, die Sie brauchen, um diese Schwangerschaft

so gut wie möglich hinter sich zu bringen. Mit was für Worten würden Sie Ihre derzeitigen Gefühle und Gedanken über diese Schwangerschaft beschreiben? Vielleicht hilft Ihnen die folgende Liste: Wut – schlechtes Gewissen – Enttäuschung – Hoffnung – Entmutigung – Verwirrung – Angst – Stress – Frustration – Glück – Abwehr – Einsamkeit.

3. Sie haben vierzig Wochen Zeit, über diese unerwartete Wendung Ihres Lebens nachzudenken – genügend, um Ihre alten Lebenspläne zu überarbeiten und sich auf dieses Neue einzustellen. Denken Sie an andere Paare (ob nun Freunde oder Bekanntschaften vom Hörensagen), die positiv auf plötzliche Veränderungen in ihrem Leben reagiert haben. Wie sind sie (persönlich und als Paar) durch diese Veränderungen gewachsen?

2. Wie sage ich es?

1. Wie sagen Sie es den Menschen in Ihrer Umgebung, dass Sie ein Kind erwarten? Was für eine Strategie haben Sie?
2. Wie haben die Leute auf die Nachricht von der Schwangerschaft reagiert (sowohl Ihnen als Einzelnen als auch Ihnen als Paar gegenüber)? Wahrscheinlich waren einige der Reaktionen enttäuschend oder verletzend. Tauschen Sie sich über diese Reaktionen aus. Was meinen Sie: Warum haben diese Menschen so reagiert? Durch was für eine Brille sehen sie Sie?
3. Üben Sie es, ehrlich, aber höflich zu antworten, wenn jemand eine Bemerkung über Ihre Schwangerschaft macht. Vielleicht schreiben Sie sich einige Ausdrücke und Mustersätze auf, die hier nützlich sein könnten.

4. Nennen Sie eine oder mehrere Personen, die Sie kennen und die Sie in Ihrer Entscheidung, das Kind zu behalten bzw. es einer Adoptivfamilie anzuvertrauen, ohne Wenn und Aber unterstützen. Vielleicht fragen Sie sie, ob Sie sich an sie wenden dürfen, wenn Sie Hilfe und moralische Unterstützung brauchen. Falls Sie keine solchen Menschen kennen, konsultieren Sie die Hinweise im Serviceteil am Schluss dieses Buches und fangen Sie dort an. Es gibt mehr Menschen, als Sie denken, die Sie nicht kennen, die Ihnen aber gerne helfen.

3. Herztöne

1. Haben Sie schon die Herztöne Ihres Kindes gehört?
   a) Wenn ja: Wie viele Wochen mussten Sie bis dahin warten? Wie haben Sie beide sich während dieser Zeit gefühlt?
   b) Falls nein: Wie viele Wochen müssen Sie noch warten? Schildern Sie, wie dieses Warten sich anfühlt.
2. Wie war es, als Sie zum ersten Mal den Herzschlag Ihres Kindes hörten? (Falls Ihr Partner nicht bei der Untersuchung dabei war, versuchen Sie, ihm zu helfen, dieses Erlebnis zu verstehen.) Hat es die Art, wie Sie Ihre Schwangerschaft empfanden, geändert? Oder die Art, wie Sie Ihren Körper empfanden?
3. Sobald die Herztöne des Kindes hörbar sind, sinkt das Risiko einer Fehlgeburt beträchtlich. Wie finden Sie beide das?

4. Platz machen

1. Ihr Bauch und Ihr Kind wachsen von Tag zu Tag. Die Schwangere braucht in dieser Phase viel moralische Unterstützung und die Versicherung, dass sie nach wie vor attraktiv ist (sie wird nicht fett, sie bekommt ein Kind …). Was für Hilfen brauchen Sie als Frau konkret von Ihrem Partner?
2. Schauen Sie sich das Kapitel noch einmal an und machen Sie eine Liste der Strategien, die die verschiedenen Frauen benutzt haben, um besser auszusehen bzw. sich wohler in ihrer Haut zu fühlen. Welche dieser Strategien wären etwas für Sie? Was könnten Sie sonst noch tun (einzeln oder als Paar), um mit den Veränderungen Ihrer Figur besser zurechtzukommen?
3. Reden Sie mit ein paar Müttern und/oder Paaren, die Schwangerschaftsvorbilder für Sie sein könnten. Fragen Sie sie, was sie (einzeln oder gemeinsam) während der Schwangerschaft und danach taten, um gesund zu bleiben und eine positive Einstellung zu haben.

5. Blick nach innen

1. Haben Sie sich schon überlegt, welche Schwangerschaftsuntersuchungen (Ultraschall, Bluttests, Fruchtwasseruntersuchung usw.) Sie wünschen und warum? Sprechen Sie miteinander darüber.
2. Wenn Sie eine Ultraschalluntersuchung haben machen lassen, tauschen Sie sich darüber aus. Was hat Sie am meisten überrascht, als Sie Ihr Baby sahen und hörten? Falls Ihr Partner nicht mit dabei sein konnte, schildern Sie ihm, wie es war.
3. Falls Sie nach den Untersuchungen schon das Geschlecht

Ihres Kindes wissen: Wie hat dies Ihren Umgang mit dieser Schwangerschaft beeinflusst? Sind Sie vielleicht enttäuscht? Dann ist es umso besser, dass Sie das Geschlecht jetzt schon wissen, sodass Sie sich auf Ihren Sohn/Ihre Tochter einstellen können. Jedes der Geschlechter hat seine Vorteile: Ihre Tochter bekommt einen Bruder, Ihre Mutter einen Enkel, Ihr Mann einen Sohn usw. Es ist immer etwas Gutes in dem Geschlecht eines Kindes, auch wenn Sie dieses Gute manchmal erst später merken.

4. Wird Ihr Kind möglicherweise krank oder behindert sein? Dann suchen Sie einen Menschen, mit dem Sie darüber reden und beten können. Paare, deren ungeborenes Kind Gesundheitsprobleme hat, trauern um das gesunde Kind, das sie jetzt wahrscheinlich nicht bekommen werden. Es kann sogar Stunden geben, in denen sie dieses kommende Kind ablehnen. Bei einem eigentlich nicht gewollten Kind kann diese Trauer bzw. dieses Ablehnen besonders stark ausfallen. Seien Sie sich dessen bewusst und suchen Sie sich jemanden, vor dem Sie Ihre Gefühle ganz offen ausdrücken können, wenn Ihnen danach zumute ist.

6. Noch einmal von vorne, bitte!

1. Das Leben als Linie, die nach oben zeigt, in die Richtung Ihrer Pläne für die Zukunft: Wo waren Sie als Paar auf Ihrer Lebenskurve, bevor Sie herausfanden, dass Sie schwanger waren?
2. Falls Sie schon Kinder haben: Was an diesem „Noch einmal von vorne, bitte!“ ist am schwersten für Sie? Gibt es etwas, wo Sie den Eindruck haben, dass Sie es bei diesem neuen Kind vielleicht anders machen sollten (z. B. es länger stillen,

weniger arbeiten, die Aufgaben anders verteilen, das Kind mehr – oder weniger – von anderen betreuen lassen, öfter miteinander ausgehen)?
3. Unsere Kultur definiert „Erfolg" vor allem über Geld, Einfluss und Unabhängigkeit. Gibt es andere Erfolgskriterien, die vielleicht wichtiger sind? Welche?
4. Sind Sie in Bezug auf diese anderen Erfolgskriterien zurzeit da, wo Sie gerne wären? Wie könnten Sie als Paar im Laufe dieser Schwangerschaft und dann später bei der Erziehung dorthin kommen?

7. Durchhalten

1. Sie haben in diesem Buch von anderen Paaren und ihren Problemen während einer Schwangerschaft gelesen. Mit was für Problemen sind Sie (einzeln und als Paar) bisher konfrontiert worden?
2. Oft bilden wir uns ein, dass wir allein mit unseren Problemen sind und niemand uns sieht. Doch wahrscheinlich gibt es mehr Menschen, als Sie denken, die Sie sehen und die es mit Hochachtung registrieren, dass Sie diese Schwangerschaft gemeinsam durchstehen und nicht auseinanderlaufen. Was für Eigenschaften sind es wohl, die die Leute an Ihnen (als Paar oder als Einzelnen) bemerken und bewundern?
3. Was für Hilfen und Strategien haben Sie benutzt, um so weit zu kommen in Ihrer Schwangerschaft?
4. Was für andere Hilfen und Strategien brauchen Sie jetzt, wo bald die Geburt kommt? Stellen Sie eine Liste der Dinge zusammen, die Sie jetzt brauchen bzw. sich besorgen müssen (Pampers, Babykleidung, moralische Unterstützung usw.). Falls Sie sich noch keine Gedanken über die Wehen und die

Geburt gemacht haben, können Sie die im Anhang dieses Buches aufgelisteten Bücher konsultieren.

5. Suchen Sie sich eine Hebamme und machen Sie einen ersten Termin für die nächste Zeit zum Kennenlernen. Schauen Sie sich das Krankenhaus an, das Sie sich für die Geburt ausgesucht haben, und melden Sie sich an.
6. Reden Sie miteinander über Ihre Ängste, Ihre Sorgen und Ihre Vorfreude im Blick auf die Wehen und die Geburt.

8. Countdown

1. Veränderungen in seinem Leben und seiner Ehe vorzunehmen, ist nie einfach, und eine stressige Schwangerschaft kann es noch schwieriger machen. Aber die Schwangerschaft kann Ihnen helfen, rasch Entscheidungen zu treffen und umzusetzen. Die Geburt lässt sich nicht aufschieben, und Ihre Entscheidungen betreffen ein neues Menschenleben. Beschreiben Sie einander in ein paar Sätzen, was für eine Mutter bzw. was für ein Vater Sie Ihrem Kind, das da unterwegs ist, sein wollen. Machen Sie dies am besten schriftlich; das hilft Ihnen, Ihre Ziele präziser zu formulieren – und dann auch beizubehalten.
2. Was für Veränderungen in Ihrem Leben und Ihrer Ehe müssen Sie vornehmen, um diese Art Vater bzw. Mutter zu werden? Vielleicht hilft es Ihnen, wenn Sie sie schriftlich auflisten.
3. Was für Veränderungen können Sie selber vornehmen, und wo brauchen Sie die Hilfe Ihres Partners? Beschreiben Sie Ihrem Partner, wie er Ihnen konkret helfen kann.
4. Gibt es in Ihrem Leben jemanden (Pastor, Familienberater, Mitarbeiter einer Schwangerschaftsberatung o. a.), mit dem Sie beide offen über diese Veränderungen reden können?

9. Geburt

1. Sie haben Ihr Baby schon? Herzlichen Glückwunsch! Falls Ihr Partner bei der Geburt mit dabei war, tauschen Sie sich darüber aus, wie Sie sie erlebt haben; die folgenden Fragen können Sie dabei benutzen:
   a) Worauf waren Sie nicht vorbereitet? Was war anders, als Sie erwartet hatten?
   b) Was hat Sie während der Wehen und der Geburt am meisten an Ihrem Partner überrascht?
   c) Wie haben Sie sich gefühlt, als Sie Ihr Kind zum ersten Mal im Arm hielten? Voller Liebe, wie Pam? Oder ging es Ihnen mehr wie Lori und Jill, die sich direkt nach der Geburt nur müde, unsicher und einsam fühlten? Erläutern Sie.
2. Falls Ihr Partner nicht bei der Geburt dabei sein konnte, sind Sie vielleicht sehr enttäuscht. Es kann sein, dass Sie ihm Vorwürfe machen wollen. Mit dabei zu sein, wie ein Kind zur Welt kommt, ist durch nichts zu ersetzen – aber jetzt ist der Sohn oder die Tochter also da. Machen Sie nicht in Selbstmitleid. Versuchen Sie, Ihrem Partner zu schildern, wie Sie die Geburt erlebt haben, und dann schauen Sie nach vorne. Jetzt sind Sie also komplett; wie fühlt sich das an?
3. Wenn Sie dieses Kind behalten wollen, hat Ihr neues Leben als seine Eltern gerade erst begonnen. Was möchten Sie in diesem Leben anders machen als bisher? Schreiben Sie es auf ein besonderes Blatt Papier oder ins Tagebuch und bewahren Sie dieses gut auf, als Erinnerung daran, was für Eltern Sie diesem Kind sein möchten.
4. Ihr Kind ist noch nicht zur Welt gekommen? Sprechen Sie miteinander über Ihre Ängste und Sorgen angesichts der be-

vorstehenden Geburt. Was für Worte würden Sie wählen, um die Gefühle zu beschreiben, die Sie während dieser Wartezeit haben? (Sorgenvoll – aufgeregt – begeistert – erschöpft – ängstlich – ungeduldig – apathisch – verspannt – ruhig?)

5. Reden Sie mit einem oder mehreren Paaren, die gemeinsam durch eine Geburt gegangen und für Sie Vorbilder sind. Fragen Sie sie, wie sie die Geburt ihrer Kinder erlebt haben, und sagen Sie ihnen, wovor Sie Angst haben.

Serviceteil: Kontaktadressen und weiterführende Literatur

Schwangerschaftskonfliktberatung – allgemein

Adressen und Webseiten von Beratungsstellen

Bundesverband Lebensrecht e. V.
Fehrbelliner Str. 99
10119 Berlin
Tel 0 30-44 05 88 66
Fax 0 30-44 05 88 67
E-Mail info@bv-lebensrecht.de
http://www.bv-lebensrecht.de

Kaleb – Kooperative Arbeit Leben ehrfürchtig bewahren
Schönhauser Allee 182
10119 Berlin
Tel 0 30-4 49 01 47
E-Mail info@kaleb.de
http://www.kaleb.de/index6.htm

Pro Vita – Freikirchliche Initiative für das Leben
Kirchröder Str. 46
30559 Hannover
Tel 05 11-9 54 98 77
E-Mail sozialwerk.provita@t-online.de
http://www.sozialwerk-hannover.de/provita/index.htm

Stiftung Pro Kind
(in Hannover, Braunschweig, Celle, Wolfsburg, Göttingen)
E-Mail info@stiftung-pro-kind.de
http://www.stiftung-pro-kind.de

Rahel e.V. – Erfahrungen nach Abtreibung
Wormser Str. 3
76287 Rheinstetten
Tel 0 72 42-95 37 80
Fax 0 72 42-95 37 81
E-Mail rahel@rahel-ev.de
http://www.rahel-ev.de/

Evangelisches Zentralinstitut für Familienberatung
http://www.ezi-berlin.de/p2006/schwangerschaftskonflikt-beratung.htm

Frauenwürde
http://www.frauenwuerde.de/

Weißes Kreuz
Weißes-Kreuz-Str. 1-4
34292 Ahnatal/Kassel
Tel 0 56 09-83 99-0
E-Mail weisses-kreuz@t-online.de
http://www.weisses-kreuz.de/

Diakonie
http://www.diakonie.de/de/html/hilfe/515.html

Treffen christlicher Lebensrechtsgruppen
Stitzenburgstr. 7
70182 Stuttgart
Tel 07 11-23 22 32
E-Mail info@ead.de
http://www.tclrg.de/

Hilfe für Mutter und Kind
J.W. Beckermann
Schumannstr. 45
60325 Frankfurt/Main
Tel 069-97 67 14 60
Fax 069-97 67 14 59
E-Mail: hmk@hmk-leben.de
http://www.hmk-leben.de/

Caritas
www.caritas.de

Donum Vitae
www.donumvitae.org

Sozialdienst Katholischer Frauen
http://www.skf-zentrale.de/html/buh_schwangerschaftsberatung.html

Pro Leben
http://www.pro-leben.de/tipps/tipslinks.php

Bücher

Allgemein:

Nilsson, Lennart/Hamberger, Lars: *Ein Kind entsteht. Bilddokumentation über die Entwicklung des Lebens im Mutterleib*, Mosaik-Verlag bei Goldmann, München 2003

Späte Schwangerschaft:

Bohnhorst, Susanne/Cerna, Libuse: *Abenteuer Wunschkind. Das Schwangerschaftsbuch für Frauen über 35*, Fischer Taschenbuch, S. Fischer Verlag, Frankfurt 2002

Brandstätter, Nadja u. a.: *Späte Mütter – späte Väter. Babyglück im besten Alter*, Linde Verlag, Wien 2004

Lackinger Karger, Ingeborg: *Jetzt ein Baby. 35+. Gesund und glücklich in der späten Schwangerschaft*, vgs verlagsgesellschaft, Köln 2002

Raben, Ralph/Biermann, Christine: *Ein Kind mit 40? Vor- und Nachteile später Schwangerschaft*, Kreuz-Verlag, Stuttgart 2004

Hilfsangebote für schwangere Erstmütter

Webseiten

Umfassende Informationsportale rund ums Thema „Schwangerschaft":

http://www.schwangerschaft.de/

http://www.eltern.de/schwangerschaft_geburt/index.html

http://www.rund-ums-baby.de/schwanger.htm

www.heartbeatinternational.org – Nur in englischer Sprache. Bietet raschen Zugriff auf ein internationales Verzeichnis mit 4.883 Zentren für Schwangerschaftshilfe. Die meisten dieser Zentren bieten kostenlose Schwangerschaftstests und Beratung zu Alternativen zur Abtreibung, Gesundheit und anderen Dingen, die mit Ihrer unerwarteten Schwangerschaft zusammenhängen. Mit Links zu Kliniken, Entbindungshäusern und gemeinnützigen Adoptionsagenturen.

Bücher

Holzgreve, Brigitte: *300 Fragen zur Schwangerschaft. … Empfohlen vom Bundesverband der Frauenärzte,* Verlag Gräfe und Unzer, München 2003

Iovine, Vicki: *Beim ersten Kind gibt's tausend Fragen. Was Ärzte nicht sagen – Was Männer nicht wissen – Was nur die beste Freundin verrät,* Knaur-Taschenbuch-Verlag, München 2006

Teenager-Schwangerschaften

Webseite

http://www.mamis-in-not.de/htm/junmutter.htm

Bücher

Gerber-Hess, Maja: *Etwas lebt in mir. Siebzehn und schwanger*, Rex-Verlag, Luzern 1998

McDowell, Josh/Stuart, Ed: *Mein Freund/Meine Freundin hat ein Problem,* Christliche Verlagsgesellschaft, Dillenburg 2002

Adoption

Webseite

http://www.adoption.de/
Alles rund ums Thema Adoption.

Adressen von Adoptionsstellen

Eine Adressenliste von Vermittlungsstellen in freier und kirchlicher Trägerschaft (kirchliche Stellen und Vereine) in Deutschland unter: http://moses-online.de/web/35

Baden-Württemberg:
Landeswohlfahrtsverband Württemberg-Hohenzollern
Zentrale Adoptionsstelle
Lindenspürstraße 39
70176 Stuttgart
Tel 0711-6 37 50

Landeswohlfahrtsverband Baden
Zentrale Adoptionsstelle
Postfach 4109
76026 Karlsruhe
Tel 0721-8 10 70

Bayern:
Landesjugendamt
Zentrale Adoptionsstelle
Richelstraße 11
80634 München
Tel 089-13 06 20

Berlin und Brandenburg:
Zentrale Adoptionsstelle Berlin-Brandenburg
Schlossplatz 2
16515 Oranienburg
Tel 03301-70 39 20

Hamburg, Schleswig-Holstein, Niedersachsen und Bremen:
Gemeinsame Zentrale Adoptionsstelle (GZA)
Kaiser-Wilhelm-Straße 100
20355 Hamburg
Tel 040-3 50 40

Hessen und Rheinland-Pfalz:
Landesamt für Jugend und Soziales
Landesjugendamt
Zentrale Adoptionsstelle
Rheinallee 97-101
55118 Mainz
Tel 06131-967 368, 967 378 und 967 367

Mecklenburg-Vorpommern:
Landesjugendamt
Zentrale Adoptionsstelle
Neustrelitzer Straße 120, Block E
17033 Neubrandenburg
Tel 0395-5 80 27 00

Nordrhein-Westfalen:
Landschaftsverband Westfalen-Lippe
Landesjugendamt
Zentrale Adoptionsstelle
Warendorfer Straße 25
48133 Münster
Tel 0251-5 91 01

Landschaftsverband Rheinland
Landesjugendamt
Zentrale Adoptionsstelle
Kennedy-Ufer 2
50679 Köln
Tel 0221-80 90

Saarland:
Landesjugendamt
Zentrale Adoptionsstelle
Malstatter Markt 11
66115 Saarbrücken
Tel 0681-94 81 20

Sachsen:
Landesjugendamt
Zentrale Adoptionsstelle
Postfach 1048
09120 Chemnitz
Tel 0371-57 72 87

Sachsen-Anhalt:
Landesjugendamt
Zentrale Adoptionsstelle
Neustädter Passage 15
06122 Halle/Saale
Tel 0345-6 91 24 62 und 6 91 24 63

Thüringen:
Landesjugendamt
Zentrale Adoptionsstelle
Neu-Ulmer-Straße 28
98603 Meiningen
Tel 03693-4 17 36 39

Bücher

Oelsner, Wolfgang/Lehmkuhl, Gerd: *Adoption. Sehnsüchte – Konflikte – Lösungen*, Walter-Verlag, Düsseldorf 2005

Riedle, Herbert u. a.: *Adoption – Alles, was man wissen muss,* TiVan-Verlag, Würzburg 2005

Weyer, Margot: *Adoption – und danach?,* Kirchturm-Verlag Gerts, Burgdorf-Ehlershausen 2006

Hörbuch: Ulrich, Holde-Barbara: *Schattenmütter. Adoption – von Müttern und ihren Kindern,* Dietz Verlag, Berlin 2004

Hilfsangebote für stillende Mütter

Webseite

www.laleche.org – Hilfen und Beratung für stillende Mütter. Unter „Austria", „Deutschland" und „Switzerland" Infos in deutscher Sprache und über Beratung und Kontakt im eigenen Land.

Anmerkungen

1 Sarah S. Brown/Leon Eisenberg (eds.), The Best Intentions: Unintended Pregnancy and the Well-Being of Children and Families, National Academy Press, Washington D.C., 1995, S. 1. „Nicht geplante" Kinder werden definiert als „nicht oder nicht zu diesem Zeitpunkt gewollte Kinder" (S. 11). Der „Population Council" stellt in einem im September 2003 herausgegebenen Report fest: „Es kommt jährlich [weltweit] zu fast genauso vielen ungewollten wie gewollten Schwangerschaften, und über die Hälfte dieser ungewollten Schwangerschaften enden mit der Abtreibung." In Deutschland werden ungewollte Schwangerschaften statistisch nicht erfasst. Die Zahl der gemeldeten Abtreibungen 2006 betrug knapp 120.000 (Statistisches Bundesamt v. 14.3.2007).

2 Voy Forums, www.voy.com, Nachricht vom 1. Juli 2002. Wo in diesem Buch lediglich der Vorname genannt wird, ist der Name im Allgemeinen geändert, um die Privatsphäre der betroffenen Personen zu schützen. Alle Zitate basieren, sofern nicht anders angegeben, auf persönlichen Interviews der Autorin.

3 Voy Forums, www.voy.com, Nachricht vom 27. Juli 2002

4 Voy Forums, www.voy.com, Nachricht vom 16. November 2004

5 The Complete Book of Pregnancy and Childbirth

6 What to Expect When You're Expecting

7 www.surebaby.com

8 www.childdevelopmentinfo.com

9 Sarah S. Brown/Leon Eisenberg (eds.), The Best Intentions, S. 68-72

10 Anrenée Englander/Corinne Morgan Wilks (eds.), Dear Diary, I'm Pregnant: Teenagers Talk About Their Pregnancy, Annick Press, Toronto 1997, S. 140

11 What to Expect When You're Expecting

12 The Complete Book of Pregnancy and Childbirth

13 www.babycenter.com

[14] www.folsomobgyn.com
[15] The Complete Book of Pregnancy and Childbirth
[16] Planning Your Pregnancy and Birth